中国铝工业
可持续发展问题研究

许国栋　著

北　京
冶金工业出版社
2013

内容提要

本书对可持续发展理论及国内外可持续发展的实践进行了综述和研究。通过比较研究中国和工业化国家铝工业的发展，总结了铝工业发展的一般特点和规律，预测了中国完成工业化的时间及原铝产量、消费量的峰值和峰值期，构建了中国铝工业可持续发展的评价指标体系，对中国铝工业可持续发展提出了战略建议。

本书可供经济管理学领域相关方向的研究人员阅读和参考。

图书在版编目(CIP)数据

中国铝工业可持续发展问题研究/许国栋著. —北京：冶金工业出版社，2013.7

ISBN 978-7-5024-6330-4

Ⅰ.①中… Ⅱ.①许… Ⅲ.①铝工业—可持续性发展—研究—中国 Ⅳ.①F426.32

中国版本图书馆 CIP 数据核字（2013）第 159219 号

出 版 人 谭学余
地　　址 北京北河沿大街嵩祝院北巷 39 号，邮编 100009
电　　话 (010)64027926 电子信箱 yjcbs@cnmip.com.cn
责任编辑 李培禄 张 晶 美术编辑 彭子赫 版式设计 孙跃红
责任校对 郑 娟 责任印制 牛晓波
ISBN 978-7-5024-6330-4
冶金工业出版社出版发行；各地新华书店经销；北京百善印刷厂印刷
2013 年 7 月第 1 版，2013 年 7 月第 1 次印刷
169mm×239mm；9.75 印张；188 千字；144 页
32.00 元
冶金工业出版社投稿电话：(010)64027932 投稿信箱：tougao@cnmip.com.cn
冶金工业出版社发行部 电话：(010)64044283 传真：(010)64027893
冶金书店 地址：北京东四西大街 46 号(100010) 电话：(010)65289081(兼传真)
（本书如有印装质量问题，本社发行部负责退换）

前　言

本书对可持续发展理论的概念、起源、发展，以及国际、国内可持续发展的实践进行了综述和研究。

通过比较研究我国和工业化国家铝工业的发展历史和现状，总结了铝工业发展的一般特点和规律，主要有：铝钢相关规律、峰值和峰值期规律、产业转移规律、“S型”消费规律。

用统计学分析方法，对中国原铝产量消费量与中国钢铁工业发展、中国GDP、中国产业结构、中国城市化率之间的关系进行研究，总结了相关性规律，构建了相关模型。

对我国产业结构、我国城市化率两组数据进行时间序列回归分析，结合工业化国家的发展规律，预测了我国完成工业化的时间。根据工业化国家钢铁工业发展规律，预测了我国钢铁峰值期；根据工业化国家铝钢相关规律，预测了我国原铝产量、消费量的峰值期为2025年前后。利用我国原铝产量、消费量相关性数学模型，预测了我国原铝产量、消费量的峰值为7100万吨左右。

借鉴联合国可持续发展“DSR”模型等现有方法，从我国国情出发，构建了我国铝工业可持续发展的评价指标体系。采用“熵权+TOPSIS”组合方法，对我国铝工业“十一五”期间历年的可持续发展能力进行了实证分析和评价，得出了相应的结论。

结合可持续发展理论和我国铝工业发展现状，对我国铝工业可持续发展提出了战略建议。

本书是在我博士学位论文的基础上修改而成。本书的出版，得益于北京有色金属研究总院的出版赞助和冶金工业出版社的大力支持。

作为一名理工科毕业的硕士研究生，我有幸在导师佘元冠教授、敖宏教授的引领下，走进经济管理学领域的学堂，并顺利毕业。首先，我衷心地感谢我的导师佘元冠教授和敖宏教授。佘元冠导师知识渊博、治学严谨、为人师表，敖宏导师思路开阔、经验丰富、勤勉敬业，两位导师博大精深的学术造诣、严谨务实的治学风格、虚怀若谷的个人修养、豁达开朗的人生态度，都给学生留下了深刻的印象，导师的榜样是学生一生学之不尽、用之不竭的精神财富！

我真诚地感谢北京有色金属研究总院张少明院长、熊柏青副院长、黄松涛副院长、任梅主任、刘延文主任等，他们都给予我诸多学业上的指导和帮助；感谢中国有色金属工业协会铝业分会孟杰秘书长、北京安泰科信息公司任柏峰主任、中国铝业公司山东分公司田兴凯副主任等为我的博士论文顺利完成提供的帮助！

感谢我的同窗、师从于佘元冠教授的杜立辉、程继川、颜云云、彭涛、盛晓娟、陶瑞、李静澎、王蒙等博士研究生，我们之间关于经济学、管理学理论的探讨，以及研究方法、模型运用等方面的交流，常常使我豁然开朗、茅塞顿开！

感谢我远在山东淄博的父母，感谢我的妻子和儿子，他们总是给予我鼓励和希望、给予我继续走下去的勇气和力量；正是承载着对他们的爱和责任，我才能一步一步走到现在！

最后，感谢我的母校北京科技大学、感谢我的工作单位北京有色金属研究总院，感谢所有指导、帮助和批评过我的人！

许国栋

2013 年 5 月

目　录

1 绪　论

1.1 中国铝工业可持续发展研究的背景和意义

1987年，世界环境与发展委员会（WCED）发表了影响全球的题为《我们共同的未来（Our Common Future）》的报告，从“共同的问题”、“共同的挑战”和“共同的努力”三个方面集中分析了全球人口、粮食、物种和遗传、资源、能源、工业和人类居住等方面的情况，系统探讨了人类面临的一系列重大经济、社会和环境问题。报告以“可持续发展”为基本纲领，从保护和发展环境资源、满足当代和后代的需要出发，提出了一系列政策目标和行动建议。报告阐述的指导思想是积极的，对各国政府和人民的政策选择具有重要的参考价值。自1992年联合国环境与发展大会以来，全球可持续发展态势发生了深刻变化，可持续发展逐步成为国际共识。

1.1.1 中国积极推进可持续发展战略

1991年6月，在发展中国家环境与发展部长级会议（中国北京）上通过的《北京宣言》表达了对于全球环境迅速恶化的深切关注，提出环境保护和持续发展是全人类共同关心的问题。1994年3月，中国政府积极响应联合国1992年环境与发展大会的号召，率先出台了《中国21世纪议程——中国21世纪人口、环境与发展白皮书》，这是全世界第一部国家级的“21世纪议程”。作为指导中国国民经济与社会发展的纲领性文件，白皮书从4个方面提出了中国可持续发展的战略目标和实施措施。

1996年3月，八届全国人大四次会议批准《中华人民共和国国民经济和社会发展“九五”计划和2010年远景目标纲要》，第一次以最高法律形式把可持续发展列为国家战略。1997年9月，党的十五大报告中正式提出了中国的可持续发展战略。1998年，中央政府批准《全国生态环境建设规划》；2001年，批准实施《全国生态环境保护纲要》。

2001年7月，江泽民总书记在建党八十周年讲话中全面阐述了中国可持续发展战略：“坚持实施可持续发展战略，……，努力开创生产发展、生活富裕和生态良好的文明发展道路”。2005年，《“十一五”规划纲要》中指出：要把节约资源作为基本国策，发展循环经济，保护生态环境，加快建设资源节约型、环境友好型社会，促进经济发展与人口、资源、环境相协调。推进国民经济和社会信息化，切实走新型工业化道路，坚持节约发展、清洁发展、安全发展，实现可持续发展。

2007 年，党的十七大报告提出的“科学发展观”是对可持续发展的进一步扩展和升华：坚持全面协调可持续发展，建设资源节约型、环境友好型社会，实现速度和结构质量效益相统一、经济发展与人口资源环境相协调，实现经济社会永续发展。

2011 年，中央发布《“十二五”发展纲要》指出：坚持把建设资源节约型、环境友好型社会作为加快转变经济发展方式的重要着力点。深入贯彻节约资源和保护环境基本国策，节约能源，降低温室气体排放强度，发展循环经济，推广低碳技术，促进经济社会发展与人口资源环境相协调，走可持续发展之路。

2012 年 6 月，《中国可持续发展国家报告》发表，中国再次强调对全球推进可持续发展的原则立场：坚持经济发展、社会进步和环境保护三大支柱统筹原则；坚持发展模式多样化原则；坚持“共同但有区别的责任”原则等里约热内卢环境与发展大会各项原则。

通过近 20 年的努力，中国从工业化、城镇化加快发展的国情出发，不断丰富可持续发展内涵，积极应对国内外环境的复杂变化和一系列重大挑战，实现了经济平稳较快发展、人民生活显著改善，在控制人口总量、提高人口素质、节约资源和保护环境等方面取得了积极进展。同时，作为一个发展中国家，中国人口众多、生态脆弱、人均资源占有不足，资源环境对经济发展的约束增强，区域发展不平衡问题突出，科技创新能力不强，改善民生的任务十分艰巨。

1.1.2 中国处于工业化进程的中期加速阶段

工业是现代化社会经济的核心，也是社会发展不可缺少的动力。工业从自然资源库中吸取原料，同时向人类环境提供产品和污染，它对环境既有加强能力，也有削弱能力。

中国已经为工业化奋斗了半个多世纪，但仍处在从二元经济向现代化经济转变时期。按照联合国工业发展组织（UNIDO）和世界银行的研究，中国目前属于半工业化国家。如果将整个工业化进程按照工业化初期、中期和后期三个阶段划分，中国目前处于工业化进程的中期阶段。《2010 年中国社会形势分析与预测》指出，中国总体上已经进入工业化、城市化进程的中期加速阶段，经济结构和社会结构将发生深刻转换。这意味着中国工业发展将更加依赖于产业结构升级、经济社会结构转型和国内消费增长。中国科学院采用中国工业化水平综合指数作为衡量中国工业化进程的指标，根据其研究结果，中国从 2005 年开始进入工业化中期阶段。“十二五”期间，将完成从中期阶段向后期阶段的过渡。在

2018~2021年，中国工业化水平的综合指数将达到100，中国工业化将基本实现。

中国政府从世界可持续发展的高度，结合中国国情，提出了走新型工业化道路的设想，它不同于发达国家所经历的传统工业化道路，有着新的历史条件所赋予的时代特点。主要体现在：(1) 可以借助世界范围内的信息化优势，实现工业化与信息化的互补和相互促进；(2) 可以利用后发优势，大力引进发达国家（地区）的过剩资本和先进技术，并与中国丰富的劳动力资源相结合，以加快中国的经济发展；(3) 吸取发达国家在传统工业化过程中破坏自然资源和环境的教训，不走“先污染后治理”的老路，走出一条资源消耗低、环境污染少的可持续发展的新路来。因此，中国的工业化进程将比传统的工业化进程大大加快。

可见，中国经济和社会实现可持续发展已迫在眉睫、刻不容缓。

1.1.3 中国铝行业实现可持续发展的重要性

从全球范围来看，不论发达国家还是发展中国家，工业发展要长期持续，就必须从根本上改变发展质量，走高产低耗的可持续发展道路。尤其是发展中国家，更应关注工业过程的发展方向，即更有效地利用资源、更少地产生污染和废物、更立足于可再生资源，最大限度地减少对人体健康和环境不可逆转的影响。包括中国在内的发展中国家的工业生产正在向多样化发展，在中国工业化进入中期加速发展阶段后，作为基础工业的中国铝工业实现可持续发展具有非凡的意义。

(1) 铝工业产业关联度高、与GDP关系密切。铝金属用途广泛。目前，铝在全世界的消耗量仅次于钢铁，是第二大基础金属材料和工业化必不可少的基础原材料，在国民经济建设和国防工业中具有举足轻重的地位和作用，已成为现代经济的筋骨和工业起飞的基础。铝工业的产业关联度高。在中国现有124个行业中，有113个行业使用铝产品。根据投入产出表测算，原材料制造业和装备制造业消耗铝产品量占全部产业消耗量的90%以上。铝工业与GDP关系密切。研究表明，中国铝消费量与GDP产出之间具有正相关关系。1990~2010年间中国经济空前增长，铝消费量剧增，进入21世纪以来，铝消费量的增速远远大于GDP的增速。

(2) 中国成为引领世界铝工业发展的重要力量。进入21世纪后，随着经济的发展和工业化进程的加快，中国铝工业发展速度遥遥领先于世界其他国家。中国有色金属工业协会统计数据表明：2000~2010年的10年间，中国原铝产量和消费量的增长分别为1325万吨和1297万吨，平均年增长速度为17.8%和17.6%。这一时期，世界原铝产量和消费量的增长分别为1611万吨和1499万吨，平均年增长速度为5.2%和5.0%。中国原铝产量和消费量的增量对世界同期增量的贡献率为82.2%和86.5%。2010年，中国原铝产量和消费量分别占全球总量的39.8%和41.5%，成为名副其实的铝工业大国。由此可见，新世纪以来拉动世界铝工业增长的主要因素在中国，同时，中国铝工业的发展状况也直接影响着世界铝工业的发展。

（3）中国实现铝工业可持续发展任务艰巨。进入21世纪以来，中国铝工业始终保持高速发展态势，产品产量迅速增长，企业规模不断扩大，技术装备水平逐步提高，铝工业总量规模已经居世界第一位。中国已经成为世界铝业大国，但还不是铝工业强国，主要表现在：1）中国铝土矿资源不够丰富、品位较低、生产过程资源利用率较低；2）中国铝工业的生产流程较复杂、能耗物耗较高、成本缺乏竞争力；3）中国铝工业产品品种较少、质量较差，不能满足现代化经济对铝工业产品的需求；4）铝工业实现节能减排、清洁生产、环境友好还有距离；5）除中国铝业公司外，大部分铝企业规模较小、集中度低、国际采购能力弱、国际化程度低、发展战略不完善，综合国际竞争力较弱。

未来10年，是中国从铝工业大国向铝工业强国转变的关键时期，完成这一转变，需要在统筹社会发展、经济发展、产业发展三者关系的基础上，协调好资源、能源、环境之间的关系，实现中国铝工业的可持续发展。但就目前状况来看，中国铝工业实现可持续发展的任务还很艰巨，主要表现在：1）就资源来讲，中国铝土矿资源贫乏，只占世界铝土矿资源的2.8%，且国内铝土矿90%以上属于高铝、高硅、低铁、难溶的中低品位铝土矿，导致冶炼成本比较高。国内铝土矿大多为一水铝土矿，不能满足生产需要（低温拜耳法冶炼氧化铝需要三水铝土矿），所需原料依赖进口。中国是世界最大的铝土矿资源进口国，这是中国铝工业实现可持续发展的瓶颈之一。2）就能源来讲，中国经济社会发展对能源的依赖程度比发达国家大得多。《国家能源战略的基本构想》（2003年）指出：以单位产品能耗作为对比标准，目前8个高耗能行业的单位产品能耗平均比世界先进水平高47%，而这8个行业的能源消费占工业部门能源消费总量的73%。铝工业是高耗能产业之一，目前中国生产1t电解铝平均电耗为14500kW·h，能耗高，电解铝耗电占有色金属行业电力消耗的80%，占全国电力消耗的5%，是国内能源消耗大户。《国家能源战略的基本构想》提出，“到2020年要实现能源消费翻一番，支持经济增长翻两番”的目标。因此，电解铝的大规模生产将对中国能源供应的总体态势构成压力。3）就环境来讲，中国工业生产并没有摆脱“先污染后治理”的老路。仅以大气污染情况为例，中国的二氧化硫和二氧化碳排放量分别居世界第一位和第二位。虽然单位GDP的碳排放量明显下降，但二氧化碳排放总量却显著增加。较严重的环境污染，造成了高昂的经济成本和环境成本，并对公众健康产生较明显的损害。国内外研究机构的成果显示，大气污染造成的经济损失占GDP的3%~7%。在原铝生产过程中，会排放出大量有害气体，其他原材料，如炭素、冰晶石、氟化盐等生产过程中也会排放出大量有害气体和粉尘。在中国环保压力日益严重的情况下，这种传统的生产模式必须改变。

综上所述，中国铝行业已成为被重点关注和严格控制的行业，在全球谋求可持续发展、中国工业化加速进行的背景下，铝行业的发展模式转型和可持续发展势在必行。但如何走出一条可持续发展的道路，是摆在我们面前的战略性问题。目前，尚无系统研究中国铝工业可持续发展的文献，以及研究铝工业产业发展与资源、能源、环境等相关关系的研究成果。

1.2 研究的目标、内容和创新点

1.2.1 研究目标

以可持续发展理论为指导，从铝工业发展特点和规律出发，研究全球化背景下中国铝工业可持续发展的主要问题和战略路径。

1.2.2 研究内容

（1）通过比较中国和工业化国家铝工业发展的状况，探究中国及世界铝工业发展的特点和规律；

（2）研究影响中国原铝产量、消费量的主要因素，以及它们之间的相关关系，构建数学模型，为预测中国原铝产量、消费量打下理论基础；

（3）通过预测中国完成工业化的时间和钢铁峰值期，预测中国铝工业的峰值期；采用4种不同的方法和模型，预测中国原铝产量、消费量的峰值；

（4）构建中国铝工业可持续发展评价指标体系，并对“十一五”期间中国铝工业可持续发展能力进行评价；

（5）提出中国铝工业可持续发展的战略建议及发展路径。

1.2.3 创新点

本书的创新点有4个：

（1）总结铝工业发展的特点，提出铝工业发展的一般规律；

（2）分析中国原铝产量、消费量的影响因素，重点研究中国原铝产量消费量与世界原铝产量消费量、中国GDP、中国产业结构、中国城市化率的相关关系，得出回归曲线和数学模型；

（3）预测中国完成工业化的时间、中国钢铁峰值期、中国铝工业峰值期，利用4种数学模型预测中国原铝产量消费量的峰值；

（4）创造性地提出中国铝工业可持续发展的评价指标体系，并在此基础上，对中国铝工业在“十一五”期间历年的可持续发展能力进行评价。

1.3 技术路线和研究方法

1.3.1 技术路线

根据研究目标制定本书技术路线，如图 1－1 所示。

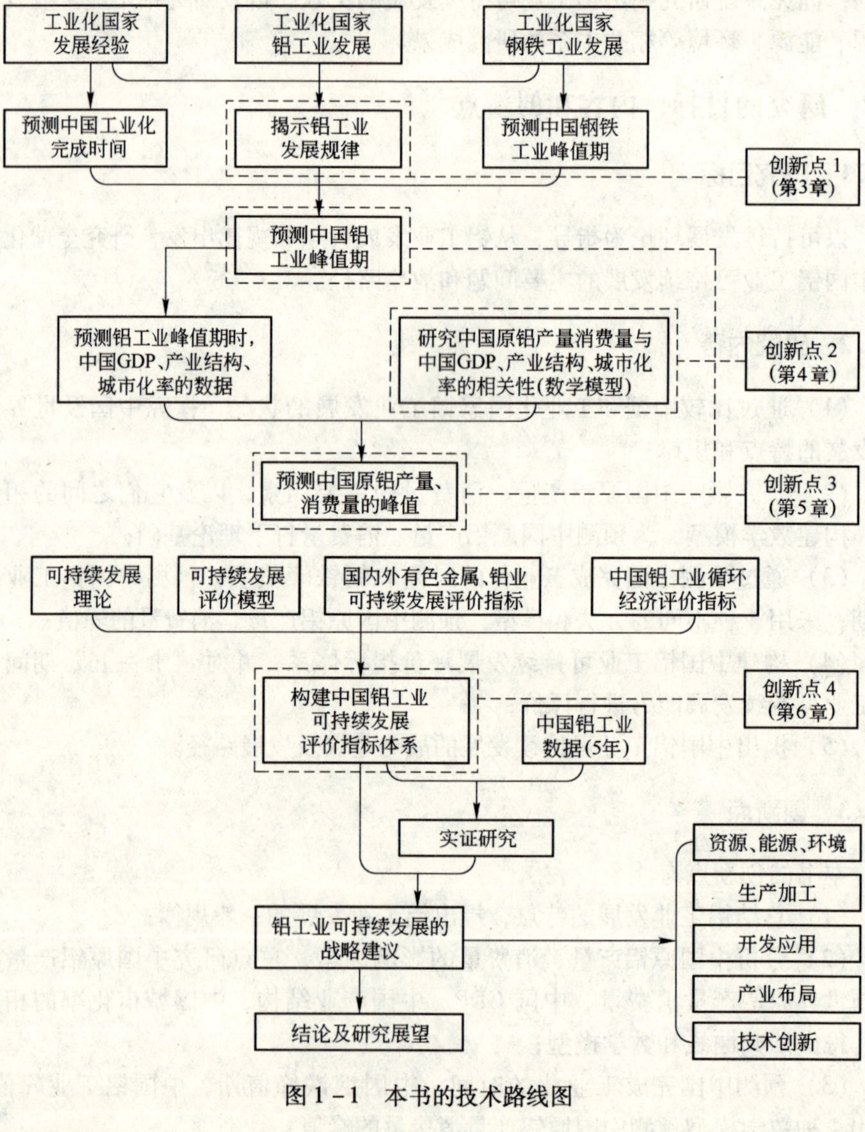

图 1－1 本书的技术路线图

1.3.2 研究方法

本书采用以下研究方法：

（1）文献研究；

（2）比较研究；

（3）归纳和演绎；

（4）数学建模；

（5）评价指标体系构建；

（6）实证分析与研究。

1.4 本书结构和内容

本书在可持续发展理论指导下，以中国铝工业为研究对象，运用经济学、管理学、统计学的方法和模型主要研究内容有：

（1）研究中国及世界铝工业发展特点和规律；

（2）研究中国原铝产量消费量的影响因素，建立数学模型；

（3）构建中国铝工业可持续发展评价指标体系；

（4）对中国铝工业可持续发展能力进行评价；

（5）结合影响中国铝工业可持续发展的主要因素，提出战略建议和下一步的研究方向。

2 可持续发展理论的研究综述

2.1 可持续发展的定义和概念诠释

2.1.1 不同领域的可持续发展定义

2.1.1.1 经典的可持续发展定义

1987年“可持续发展”定义被正式提出，世界环境与发展委员会主席、挪威首相布伦特兰女士（Gro Harlem Brundtland）在题为《我们共同的未来（Our Common Future)》的报告中提出：可持续发展是“既满足当代人的需求又不危及后代人满足其需求的发展（Sustainable development is development that meets the needs of the present without compromising the ability of future generations to meet their needs)”。

该定义包含了可持续发展的三个原则：公平性原则（fairness)、持续性原则(sustainable)、共同性原则（common)。同时，强调了两个基本观点：一是人类要发展，尤其是穷人要发展；二是发展有限度，特别是要考虑环境限度，不能危及后代人生存和发展的能力。这一表述已成为一种国际通行的对可持续发展概念的解释，认为可持续发展是指满足当代人的需要又不危害后代人满足其自身需要能力的发展，是既实现经济发展的目标，又实现人类赖以生存的自然资源与环境的和谐，使子孙后代安居乐业得以永续的发展。

在这一通用定义的启示下，在各个不同的领域，都有着对可持续发展的不同侧重点的定义，其中有代表性的主要有以下几个。

2.1.1.2 生态学角度的可持续发展定义

可持续发展的思想源于生态平衡和环境保护，可持续发展的核心也正是研究人类发展和生态环境系统之间的一种规范或模式。因此有相当一部分的可持续发展定义偏重于生态持续和环境保护，例如：

(1) 1991年，在国际生态学联合会（INTECOL）和国际生物科学联合会(IUBS）联合举行的可持续发展问题专题研讨会上，定义可持续发展为：保护和加强环境系统的生产和更新能力，即可持续发展是不超越环境系统的再生能力的发展。

（2）美国生态学家 R. T. T. Forman 认为：可持续发展是“寻求一种最佳的生态系统，以支持生态的完整性和人类愿望的实现，使人类生存环境得以最大限度地持续”。

2.1.1.3 社会学角度的可持续发展定义

1991 年，世界自然保护同盟（International Union for Conservation of Nature and Natural Resources）、联合国环境规划署（United Nations Environment Program）及世界野生动物基金会（World Wild Fund for Nature）共同发表了《保护地球——可持续生存战略（Caring for Earth：a Strategy for Sustainable Living）》。其中提出的可持续发展的定义是：“在生存于不超过维持生态系统蕴涵能力的情况下，改善人类的生活品质。”

报告提出了可持续生存的 9 条基本原则，强调了人类的生产方式与生活方式要与地球承载能力保持平衡，保护地球的生命力和生物多样性。同时，也提出了人类可持续发展的价值观和 30 个行动方案，着重论述了可持续发展的最终落脚点是人类社会，即改善人类生活品质，创造美好生活环境。

2.1.1.4 经济学角度的可持续发展定义

可持续发展的提出是人们对传统发展模式（主要是经济发展模式）的深刻反思的结果，它对经济学带来了很大冲击，因此也是目前经济学家研究的热点。经济学家对可持续发展的定义主要有：

（1）1985 年，爱德华·B·巴尔比（Edward B. Barbier）在其著作《经济、自然资源、不足和发展（Economic，Natural Resource，Scarcity and Development）》一书中把可持续发展定义为：“在保持自然资源的质量和其所提供服务的前提下，使经济发展的净利益增加到最大限度”。

（2）1988 年，马肯华（Anil Markandva）和皮尔斯（David W. Pearce）对可持续发展的定义是：“今天的资源使用，不应减少未来的实际收入。”

（3）1993 年，英国环境经济学家戴维·皮尔斯（D. W. Pearce）和杰瑞米·沃福德（J. J. Warford）在《世界无末日：经济学、环境与可持续发展（World without End：Economics，Environment，and Sustainable Development）》一书中提出了以经济学语言表达的可持续发展的定义：“当发展能够保证当代人的福利增加时，也不应使后代人的福利减少。”

经济学家对可持续发展的解释还有如下表述：“持续经济增长或社会福利水平的持续提高”、“不降低环境质量和不破坏世界自然资源基础的经济发展”、“社会总资产（包括自然资产和人造资本，如技术、机器等）不随时间变化而降低的一种状态”、“在环境资产不致减少的前提下，资源利用的效益达最大化”。

2.1.1.5 技术性角度的可持续发展定义

技术性角度的可持续发展定义如下：

(1) 1989年，詹姆士·G·史佩斯（James Gustava Spath）从技术选择角度扩展了可持续发展的定义，认为："可持续发展是转向更清洁、更有效的技术，尽可能接近'零排放'或'密闭式'工艺方法，尽可能减少能源和其他自然资源的消耗。"

(2) 1992年，世界资源研究所（World Resource Institute）提出的可持续发展的定义是："可持续发展就是建立极少产生废料和污染物的工艺或技术系统。"他们认为污染并不是工业活动不可避免的结果，而是技术水平差、效率低的表现。他们主张发达国家与发展中国家之间进行技术合作，缩短技术差距，提高发展中国家的经济生产能力。

2.1.1.6 中国学者对可持续发展的解释

中国学者对可持续发展的解释主要有：

(1) 北京大学可持续发展研究中心叶文虎认为："可持续发展是不断提高人均生活质量和环境承载力的、满足当代人需求又不损害子孙后代满足其需求能力的、满足一个地区或一个国家人群需求又不损害别的地区和国家满足其需求能力的发展。"

(2) 北京经济与社会发展研究所杨开忠认为："可持续发展既要反映全球、区域和部门的相对独立性，又要反映他们之间的相互作用，空间维是其质的规定，定义应该体现这一规定。"他认为持续发展可更好地定义为："既满足当代人需要又不危害后代人满足需要能力、既符合局部人口利益又符合全球人口利益的发展。"它包括4个相互联系的重要方面：一般持续发展、部门持续发展、区域持续发展、全球持续发展。

(3) 中科院地理所龚建华认为："可持续发展内涵极其丰富，外延包括了人类所有的物质和精神领域，是一个非常综合的概念，应从3个不同层次，即高层次、中层次和低层次上理解。"

从高层次理解，可持续发展就是要保持人和自然的共同协调进化，达到人和自然的共同繁荣，着重于人类和整个大自然的关系，即"人天"关系。从中层次理解，可持续发展既满足当代需求，又不危及后代满足其需求的能力，着眼于地球和地球上人类的关系，即"人地"关系。从低层次理解，可持续发展是资源、环境、经济和社会的协调发展，重点在于"人人"之间的关系。

(4) 中国矿业大学周德群认为："发展是社会、人口、环境、资源、经济系统（SPERE系统）变化的过程，且这种变化是朝着各组分更加和谐的方向进化。

它具有三大特征：发展是满足人类需求所必需的，不仅满足当代，而且不危及后代；发展要以保护自然为基础，与资源和环境的承载能力相协调；发展要以改善和提高生活质量为目的，与社会进步相适应。”

可持续发展的概念可以通过“三维结构”来理解。从时间维看，可持续发展既考虑到当代人的发展，又考虑到后代人的发展，既满足当代人的需求，又不对后代人满足其需求的能力构成危害；从空间维看，可持续发展既考虑本地域人的发展，又考虑其他地域人的发展，既满足本地域人的需求，又不对其他地域的人满足其需求的能力构成危害；从需求维看，可持续发展既考虑满足人类衣、食、住、行等物质方面的基本需求，又要考虑满足人类受教育、医疗保健、文娱体育、优美环境和社会福利等精神方面的需求，还要考虑包括政治民主以及人权等方面的正当需求。

综上所述，我们对可持续发展的基本含义的理解可概括成以下3点：（1）可持续发展是标志人类文明史进入一个新阶段的发展观和发展模式，它的前提是发展，但这是一种与传统发展观（强调经济增长）截然不同的新的发展观。（2）可持续发展强调社会、经济、资源、环境多因素间的协调性。（3）可持续发展强调资源占用和财富分配的“时空公平”，即要求较好地把眼前利益和长远利益、局部利益和全局利益有机统一起来。

2.1.1.7　可持续发展的定义框架

通过对可持续发展理论的讨论，可持续发展的定义框架大致可以表述为如图2－1所示的形式。

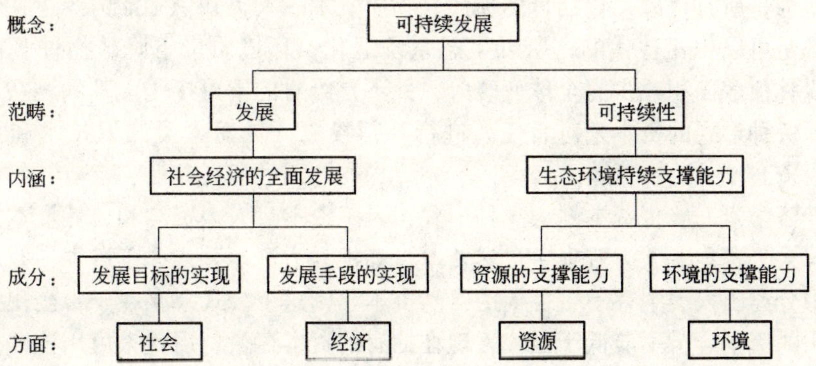

图2－1　可持续发展的定义框架图

2.1.2　可持续发展相关概念的诠释

可持续发展理论是一个综合性较强的理论，包含了很多系统和指标，有如下几个重要概念，体现了可持续发展的精神。

（1）代际公平。代际公平（Intergenerational Fair）是可持续发展中的重要内容。所谓代际公平，是指物质要素的产出依赖生产要素的投入，后代人继承的生产要素总量上不少于当代人所拥有的。在经济学中，处理代际间交往的方法是按照现在的生活模式来确定效益和费用，然后把这些效益和费用的增量折算到后代人身上，就像把未来的收入或负担折算到当代人身上一样。这样做的原因在于：1）人们总是宁愿获得当前的效益，而不愿等到以后再获取；2）在现在的决策者看来，未来收入的价值不如现在收入的价值大，因为现在的收入可用来投资，以增加资本和未来的收入。

湘潭大学黄正元认为，代际公平问题，主要是指当代人与后代人之间在利用自然资源和保护环境上的权利与义务的划分问题。代际公平问题的形成原因主要表现为：一是认识上的误区，即"绝对人类中心主义"及其哲学基础——近代主体性哲学；二是由于人的需要的无限性和自然资源的有限性的矛盾而导致的代际间的利益冲突；三是科学技术的负面作用；四是代内的市场竞争加剧了代际间的矛盾。

在如何实现代际公平问题上，一种观点是倡导代际补偿，即当代人在消耗一种资源的同时，如能对被消耗资源进行补偿，后代人就能拥有和当代人同样的发展潜力或潜力得到保障。代际补偿制度可由两种途径实现，设立代际补偿金和保持一个非减的资本存量，以实现代际公平和持续发展。

（2）资源替代。可持续发展关注的另一个问题是资源替代（Resource Replace），即要保护什么资源及当代人应留给后代人什么样的社会资产。一些经济学家认为，所有资源，包括自然遗产、物质资本、人类知识和能力等，在增进福利上都是可以相互替代的，所以生态系统退化、环境质量下降、物种多样性损失、森林覆盖面积减少、全球变暖等，并不是绝对的不可接受。其问题在于，能否以另一种形式的资本来对后代人进行补偿投资（如对人类知识技术和社会组织的投资）。

经济学家一般将资本划为3种形式：人工资本、人力资本和自然资本，资本总量=人工资本+人力资本+自然资本，如把人力资本并入人工资本，并从自然资本中分离出人类生存不可替代的自然资本。则这个公式意义在于：当代人留给后代人的资本容量不应低于当代人现在拥有的资本存量，后代人可用该部分资本去获得与当代人相当的福利，从而实现代际公平和持续发展。

一般来说，当自然资源和人造资源之间依赖于资本受益率时，若某自然资源为耗竭资源，当把使用这种自然资源的租金用于投资而不是消费时，就可实现某种形式的可持续，这实际上就是被消费的自然资源用另外一种形式的人造资本得到了补偿。

(3) 持续时间。在可持续发展的概念中一般自动地假定所选择的发展过程将是“长期”可行的，但其中的时间因素基本上是模糊的，持续时间（Sustainable Time）究竟是多长没有明确的概念和定义。以煤炭为例，由于煤炭是一种耗竭性资源，一个国家或区域的煤炭资源可采储量是个常量，那么要实现煤炭资源的可持续利用，它的持续时间该如何界定呢？50年还是100年，抑或更长？很显然，持续时间会影响到资源利用政策的设计。政府作为整个社会的代表，它应考虑到一个国家或区域长期的发展问题，进行必要的投资和政策引导，以促进可持续发展。因此可持续发展概念中的持续时间如何与现实的可采用的办法结合起来，这是可持续发展战略进入实际操作阶段必须解决的迫切问题。

(4) 不可逆性。在环境经济学中，对不可逆性（Irreversibility）变化的定义是：“不可替代的、只能经过很长时间或以很大代价才能得以恢复的环境功能等所发生的变化。”从这个意义上说，一种生物物种的灭绝是不可逆的，核废料的产生是不可逆的，地质、水文和生态系统的大规模破坏是不可逆的，对不可再生资源（如煤炭、石油）的任何形式的利用都是不可逆的。由于存在不可逆性，要做到可持续发展中的“代际公平”，几乎是不可能的，今天的决策实际上就是取消未来人类的选择。

(5) 风险和不确定性。未来的不确定性（Uncertainty）源于多个方面，阿兰·兰德尔（Alan Randall）将之分为技术的不确定性和需求的不确定性两种情况。技术不确定性是指对新技术的有害影响缺乏了解和难以预料未来可能发展的新技术。而需求不确定性是指对未来需求模式的变化将如何影响将来的稀缺格局存在不确定性，它源于两个方面，一是难以预料后代人的兴趣和偏好，二是难以预料后代人的人口数和收入。

怀恩（B Wynne）、麦嘉华（M Faber）等学者也都从不同角度对不确定性分类进行过研究，这些分类体系反映了这样一个很具意义的事实：即不确定本身也是不确定的，它有许多不同的表现形式，每一种类型的不确定对研究可持续发展方面的有关政策都有其特殊的意义。风险与不确定问题是可持续发展问题中处理代际之间关系的核心概念，是确定当代人行为准则的先决因素。

2.2 可持续发展理论的演变和发展

2.2.1 国际上对可持续发展理论的研究

国际上对可持续发展理论的研究大致可分为两个阶段。第一阶段是可持续发展理论的形成期，从20世纪60年代初到80年代末。主要事件有：

(1) 1962年9月，美国海洋生物家蕾切尔·卡逊（R Carson）发表了《寂静的春天（Silent Spring)》，通过对环境物富集、迁移、转化的描写，初步揭示了污染对生态系统的影响。

（2）1972年3月，以美国学者丹尼斯·米都斯（Dennis H. Meadows）博士为主的罗马俱乐部出版了《增长的极限——罗马俱乐部关于人类困境的报告（The Limits to Growth：A Report for the Club of Rome's Project on the Predicament of Mankind)》，使人们意识到现代工业对环境和生态系统的破坏，引发了人们对传统行为和观念的反思，开始关注发展和环境问题。

（3）1987年2月，第8次世界环境与发展大会通过了《我们共同的未来（Our Common Future)》，后又经第42届联大辩论通过，于1987年4月正式出版。报告中正式提出了"可持续发展"的概念，标志着各国政要和学者们已经清醒地认识到可持续发展的重要性和必要性。

学者们使用"可持续性"一词，最初是针对某些特殊的可再生资源而言的，意为要保持它们在长时间里不断可以收获或收割。后来，生态学家们把它的范围扩大了，以表达他们对保护整个生态系统的状态和功能的关注。与此同时，其他学科（特别是地理学、人类学等）又把可持续发展的含义扩大到社会和文化系统，例如保护土著的知识和技能。

第二阶段是可持续发展理论的完善期，从20世纪90年代初至今。主要事件有：

（1）1992年6月，在巴西里约热内卢召开的联合国环境与发展大会上，通过了《里约环境与发展宣言（Rio Declaration on Environment and Development, 1992)》与《21世纪议程（21st Century Agenda, 1992)》，"可持续发展"观点得到最广泛和最高级别的关注。此后，理论界更多地从多学科整体的角度研究该问题，并寻求把可持续发展由理论推向实践的途径。

（2）各国围绕可持续发展主题发表了形式不同的宣言和文件，主要有1996年《伊斯坦布尔人居宣言（The Istanbul Declaration on Human Settlement)》、1997年《京都议定书（Kyoto Protocol)》等。

（3）2000年，联合国发表了以消除贫困为主题的《联合国千年宣言》。2002年，在约翰内斯堡召开的世界各国首脑会议则侧重于将可持续发展计划转为行动。

与此同时，伴随着可持续发展理论的清晰，又产生了很多与之有关的研究方向和问题，例如：如何实现可持续发展、如何对可持续发展能力进行评价等。

2.2.2 中国对可持续发展理论的研究

在中国政府的高度重视和强力推动下，国内可持续发展理论研究迅速发展。1992年1月，国内首次在中国科学院科技政策所成立了以牛文元教授为首的"环境与持续发展研究室"。1994年中国出版发行了第一部关于可持续发展的理论专著，即《持续发展导论》。同年，北京大学成立了以叶文虎教授为首的中国持续发展研究中心，该中心1995年出版发行了以探讨中国可持续发展战略为中心的论文集——《可持续发展之路》。与此同时，中国21世纪议程管理中心编辑出版了《论中国的可持续发展》，基本代表了中国政府的观点和原则立场。

把可持续发展基本理论与中国实际相结合，产生了具有中国独有特点的中国可持续发展经济学，主要有：1996年3月，中央党校贾华强出版了国内第一本可持续发展经济学方面的专著《可持续发展经济学导论》。1997年，中南财经大学刘思华出版了《可持续发展经济学》，中国社会科学院潘家华博士出版了专著《持续发展途径的经济学分析》，同济大学诸大建教授等出版了《走可持续发展之路》，王军博士发表了博士论文《可持续发展》。2000年，南京大学洪银兴教授主编出版了《可持续发展经济学》。2002年，马传标出版了《可持续发展经济学》，杨文进出版了《经济可持续发展论》。2005年，潘玉等出版了《可持续发展原理》。这些教材和专著的出版，标志着可持续发展经济学在中国初步形成。

2.3 中国可持续发展的实践

2.3.1 中国的可持续发展进程

中国政府较早地意识到环境和可持续发展这一问题，并通过各种形式进行强调和贯彻。

1991年6月，在中国召开的发展中国家环境与发展部长级会议通过了《北京宣言》，表达了对于全球环境的迅速恶化的深切关注，提出环境保护和持续发展是全人类共同关心的问题。

1992年6月，中国政府在巴西里约热内卢世界首脑会议上庄严签署了环境与发展宣言，承诺要走可持续发展之路，并制定了可持续发展指导原则和实施蓝图。

1994年3月，中国政府积极响应联合国1992年世界环境与发展大会的号召，率先出台了《中国21世纪议程—中国21世纪人口、环境与发展白皮书》，这是全世界第一部国家级的“21世纪议程”。作为指导中国国民经济与社会发展的纲领性文件，白皮书从4个方面提出了中国可持续发展的战略目标和实施措施。

1996年3月，八届全国人大四次会议批准了《中华人民共和国国民经济和社会发展“九五”计划和2010年远景目标纲要》，第一次以最高法律形式把可持续发展列为国家战略。

1998年，中央政府批准了《全国生态环境建设规划》；2001年，批准实施《全国生态环境保护纲要》。

2001年3月，九届全国人大四次会议通过“十五”计划纲要，将实施可持续发展战略置于重要地位，完成了从确立到全面推进可持续发展战略的历史性进程。

2002 年 11 月，党的十六大报告提出了“走新型工业化道路”的战略构想，概括为：科技含量高、经济效益好、资源消耗低、环境污染少、人力资源得到充分发挥的工业化道路。

2003 年，为了全面推进可持续发展战略的实施，中国政府根据新形势和可持续发展的新要求，制定了《中国 21 世纪初可持续发展行动纲要》，明确了 21 世纪初中国实施可持续发展战略的目标、基本原则、重点领域及保障措施。

2005 年，党的十六届五中全会进一步要求以科学发展观统领经济社会发展全局，《中共中央关于制定“十一五”规划的建议》把建设资源节约型、环境友好型社会作为新时期重要的奋斗目标，体现了科学发展的本质，是对可持续发展的进一步落实和深化。

2011 年，中央发布《“十二五”发展纲要》指出：坚持把建设资源节约型、环境友好型社会作为加快转变经济发展方式的重要着力点。深入贯彻节约资源和保护环境基本国策，节约能源，降低温室气体排放强度，发展循环经济，推广低碳技术，促进经济社会发展与人口资源环境相协调，走可持续发展之路。

2012 年 6 月，《中国可持续发展国家报告》发表，再次强调了中国对全球推进可持续发展的原则立场：（1）坚持经济发展、社会进步和环境保护三大支柱统筹原则。（2）坚持发展模式多样化原则。（3）坚持“共同但有区别的责任”等里约热内卢环境与发展大会各项原则。

2.3.2 中国可持续发展战略的目标设计

根据牛文元教授的表述，中国未来 50 年可持续发展的具体目标，可以大致表达如下：

（1）中国要用 50 年的时间全面达到世界中等发达国家的可持续发展水平，进入到世界总体可持续发展能力前 10 名的国家行列。

（2）到 2050 年，在整体国民经济中，科学发展的贡献率达到 70% ~75%；人口平均预期寿命达到 85 岁；全国人均受教育的年限，从现在的 7.8 年提升到 14 年以上。

（3）到 2050 年，中国的 4 大基本指数：恩格尔系数平均在 0.15 以下、基尼系数平均在 0.35 ~0.40、人文发展指数平均在 0.9 以上、二元结构系数平均在 1.5 左右。

（4）到 2050 年，中国要依次通过 3 条倒 U 型曲线，实现从左侧到右侧的逆转：争取在 2030 年实现人口自然增长率的零增长；在 2040 年实现能源和资源消耗速率的零增长；在 2050 年基本实现生态环境退化速率的零增长。

根据全世界的共识所得出的结论，可持续发展战略的实施，在任何一个国家，都必须通过上述的“三大零增长”的台阶，即：（1）人口自然增加率的零增长；（2）资源、能源消耗速率的零增长；（3）生态环境的退化速率的零增长。

2.3.3 中国可持续发展的实现途径

关于如何实现可持续发展，仁者见仁，智者见智。布伦特兰报告期待“一个经济增长的新时代，在这里，经济增长建立在持久和扩大的环境资源基础及其政策之上”。美国斯坦福大学的著名生态学家 Paul Ehrlich 和经济学家 Herman Daly 提出了环境与经济发展之间的关系，认为人类对自然系统的压力迟早会超过可持续发展的水平，应在环境和经济发展之间寻找一种平衡。

在可持续发展的实践中，一条重要的行为准则是：以全球的高度来思考，以地方的单元来实施（Thinking Globally, Doing Locally）。目前，世界各国都在进行着可持续发展的实践。

《中国21世纪初可持续发展行动纲要》指出，制约中国可持续发展的突出矛盾主要是：经济快速增长与资源大量消耗、生态破坏之间的矛盾，经济发展水平的提高与社会发展相对滞后之间的矛盾，区域之间经济社会发展不平衡的矛盾，人口众多与资源相对短缺的矛盾，一些现行政策和法规与实施可持续发展战略的实际需求之间的矛盾等。

中国是正处在半工业化阶段的发展中国家，经济发展速度很快，城市化进程也很快，同时，又面临人口多、资源少、经济基础薄弱、生态环境脆弱等实际情况，因此，中国政府高度重视经济社会的可持续发展，并制定了相应的措施来保障。其中，走新型工业化道路和发展循环经济就是两条切实可行的路线。

2.4 可持续发展与新型工业化

可持续发展理论是新型工业化道路的理论基础，新型工业化道路是实现可持续发展的手段和途径。在中国现阶段，新型工业化道路的提出和实施，是对可持续发展战略的贯彻和落实。

2.4.1 工业化的概念和历史任务

工业化（Industrialization）是经济增长、社会发展的一个过程。这个过程的特点是：制造业在 GDP 中的比重逐步提高，同时，其就业人口比例持续上升。工业化是一个长期不断变化的过程，其间往往还伴随着经济结构的变化，一方面由传统的农业部门占主导地位向工业占主导地位转变，另一方面工业部门的内部结构也处于不断的演进之中。

只有进入工业化后，经济才真正进入快速发展阶段。经过短短的两三百年的工业化过程，目前世界上有60多个国家大约12亿人口进入了工业社会。在工业化之前人类社会经济增长非常缓慢，从1600年到1820年，全世界人均GDP年均增长0.04%；而从1820年到1990年，在工业化过程中，全世界人均GDP年均增长达到1.21%。可见工业化极大地提高了效率，促进了财富的增长。另外，全世界最富裕与最贫穷的30个国家的人均GDP之比，1820年为3∶1，1990年为20∶1。可见工业化在促进经济增长的同时，也造成地区经济发展的不平衡，而且差距还在继续扩大。

衡量工业化的主要标志有：(1)工业占GDP的比重大大超过农业；(2)工业化进程中，工业不仅表现为生产量的增长，更表现为工业技术装备水平的提高，新兴部门和技术密集型、知识密集型工业的大量涌现，工业生产力高度发达；(3)随着工业生产技术水平的提高和生产力的发展，促使国民经济技术面貌改变和社会经济全面发展，特别是促使农业技术面貌的改变和农业生产率的大幅度提高；(4)随着工业的发展，第三产业增加值占GDP的比重逐渐提高，社会劳动力由第一产业向工业和第三产业转移，农村城镇化水平不断提高；(5)人均GDP水平日益提高。

2.4.2 工业化的发展阶段和发展模式

纵观全球各国经济社会发展的历程，我们清晰地看到：任何一个国家，特别是大国，从传统农业社会走向现代工业社会，工业化是其必经之路。根据国际经济学家的研究成果，总体上可以把传统的工业化过程划分为初期、中期、后期三个阶段。

18世纪中叶以蒸汽机的应用为代表的第一次产业革命，使得工业化成为了各国经济增长的主要内容；19世纪70年代以电力的应用为代表的第二次产业革命，为工业的现代化奠定了牢固的动力基础；20世纪中叶以电子计算机应用为代表的第三次产业革命，进一步推动了工业化进程。

在实现工业化之后，进入发达经济阶段，或称为知识经济时代或信息社会。完成工业化有两个显著标志，一是第三产业产值和就业率超过第二产业；二是能源和资源消耗增长速度趋于下降，GDP增长与能源和资源消耗的增长脱钩。第二个标志就意味着要实现可持续发展。

世界各国由于经济发展背景和起始条件不同，其工业化特点各有不同，形成了不同的发展模式，主要有：以英国为代表的早期工业化模式；以美国为代表的中期工业化模式；以日本为代表的晚期快速工业化模式。

2.4.3 中国目前所处的工业化阶段

中国目前处于工业化的中期阶段，可从以下两方面进行分析。

(1) 基于产业结构的分析。中国为工业化已奋斗了半个世纪，但仍处在从二元经济向现代化经济的转变时期。从表2-1所示的中国三次产业在国民经济结构中的比例可见，中国工业化程度在不断进步。但按联合国工业发展组织（UNIDO）和世界银行的研究，二次产业在GDP中的比重在40%~60%者为半工业化国家，因此，中国目前应属于半工业化国家，尚处于工业化进程的中期阶段。

表2-1 1961~2010年中国三次产业占国民经济总产值的比重

年份	产值结构/%			就业人数结构/%		
	一次产业	二次产业	三次产业	一次产业	二次产业	三次产业
1961年	36.2	31.9	32.0	77.2	11.2	11.7
1971年	34.1	42.2	23.8	79.7	11.2	9.1
1981年	31.8	46.4	21.8	68.8	18.2	13.1
1991年	24.5	42.1	33.4	59.7	21.4	18.9
2001年	15.2	51.2	33.6	50.0	22.3	27.7
2010年	10.1	46.8	43.1	36.7	28.7	34.6

（2）基于工业化水平指数的分析。如果将整个工业化进程按照工业化初期、中期和后期三个阶段划分，并将每个时期划分为前半阶段和后半阶段，那么中国的工业化进程地区已经过半。中国科学院采用中国工业化水平综合指数作为评判中国工业化进程的指标，其研究结果显示：1995年，中国工业化水平综合指数为18，表明中国处于工业化初期。2000年，中国的工业化水平综合指数为26，表明1995~2000年的整个“九五”期间，中国处于工业化初期的后半阶段。2005年，中国的工业化水平综合指数是50，意味工业化进程进入中期阶段。

从静态计算，如果在未来中国能够保持“十五”期间中国工业化水平综合指数的年均增长速度（4~5），到2015~2018年，中国工业化水平的综合指数将达到100，中国工业化将基本实现，这与我们到2020年长期的现代化战略目标要求是相符合的。即使按照“九五”和“十五”整个10年间中国工业化水平综合指数的年均增长速度3.2推算，到2021年，中国的工业化水平综合指数也将达到100，中国将实现工业化。

2.4.4 中国新型工业化道路的独有特点

中国的新型工业化道路，相对于西方发达国家走过的工业化道路是新型的，相对于中国传统的工业化道路也是新型的。其实质是转变经济发展模式，改变20世纪西方发达国家“先污染后治理”的传统工业化模式。中国的新型工业化道路有着新的历史条件所赋予的时代特点。

（1）中国的新型工业化过程，处于以发展中国家为主体的第二轮世界工业化的进程中，与发达国家经历的传统工业化相比，是迟来的工业化。当今主要发达国家在进行工业化的时期，都曾拥有殖民地或半殖民地，都曾借助于殖民掠夺与剥削。发展中国家是在世界殖民体系瓦解的基础上建立起来的独立国家，他们进行自主的工业化，没有也不可能重走殖民帝国的老路。

（2）中国新型工业化是在信息化时代进行的工业化。就经济和科技发展水平讲，中国的工业化阶段较发达国家的信息化阶段落后了一个历史阶段，但信息化时代也给中国提供了巨大的历史机遇。中国当今推进工业化，可以实现信息化和工业化的互补，用信息化带动工业化，以工业化促进信息化。

（3）利用后发优势大力引进发达国家（地区）提供的过剩资本和先进技术，与中国所固有的比较优势——丰富的劳动力资源相结合，以加快中国的经济发展。

（4）吸取发达国家在传统工业化过程中破坏自然资源和环境的教训，不走对自然资源进行破坏性开采、对环境实行“先污染后治理”的老路，而是在经济发展中合理地开发资源、高效地利用资源、保护和治理环境以造福子孙，走出一条资源消耗低、环境污染少的可持续发展的新路来。

从中国经济发展的过程来看，新型工业化有别于改革开放以前推行的传统工业化。

（1）中国传统工业化是在高度集中的计划经济体制下进行的，而新型工业化是在社会主义市场经济体制下进行的。

（2）中国传统工业化所需资金主要靠农业和农民提供，甚至在经济困难时把大批城市居民转移到农村和农业，结果造成工业、农业同时出现萧条，这有悖于工业化的初衷。中国的新型工业化则把二元结构经济建设成现代化经济，扩大了第二产业的经济比重和从业人员比重，为中国可持续发展奠定基础。

2.4.5 新型工业化道路是实现可持续发展的重要途径

要完成中国的工业化，摆在我们面前有两条可供选择的路：一是沿袭西方工业化的模式，也就是先污染后治理的道路；另外一条路是可持续的工业化道路。

历史的经验证明，传统的工业化发展模式是一条不可持续的道路。至今为止的传统工业化模式，无论是老牌的英国和美国工业化道路（分别花了150年和100年），还是亚洲一些后起的国家和地区的工业化（只用了一代人的时间），大都存在非持续性，具有一个自相冲突的既定公式：发展=工业化+污染。经济发展与环境破坏成了“孪生兄弟”，边发展边污染，先污染后治理成了似乎难以逾越的“工业化陷阱”，传统工业化模式充满矛盾和困境，造成了不可持续的结局。这种工业化大大加剧了耕地、淡水、森林和矿产资源的消耗，环境污染和生态破坏呈加速深化之势，人口爆炸、粮食短缺、能源短缺等问题成为制约经济社会发展的严重障碍。

当初，西方资本主义国家进行工业化的历史条件，决定了其工业化战略是把经济发展建立在大量消耗资源能源、以牺牲生态环境为代价的基础之上。这种以掠夺自然资源为本质、以“先污染、后治理”为特征的发展战略，不是发展中国家和落后地区工业化、现代化的发展规律，更不是当代中国工业化、现代化的发展规律。

中国于1997年宣布实施可持续发展战略，2002年提出了走新型工业化道路的具体要求。所谓新型工业化，就是坚持以信息化带动工业化，以工业化促进信息化，就是科技含量高、经济效益好、资源消耗低、环境污染少、人力资源优势得到充分发挥的工业化道路。新型工业化有3个突出的特点：（1）以信息化带动的、能够实现跨越式发展的工业化；（2）能够增强可持续发展能力的工业化；（3）能够充分发挥人力资源优势的工业化。

可见，新型工业化道路中的关键环节正是可持续发展理论的精髓，而走新型工业化道路的目标就是促进中国经济和社会的可持续发展。因此，可持续发展与新型工业化道路两者之间是理论与实践、目标与措施的关系。新型工业化就是要吸取西方发达国家工业化，特别是中国传统工业化进程中的经验教训，走可持续发展的工业化道路，实现“生产发展、生活富裕、生态良好”三位一体的发展目标，在走新型工业化的过程中，把工业的发展引向可持续发展的方向。走新型工业化道路是实现中国经济可持续发展的必然途径。

2.5 可持续发展评价指标体系

2.5.1 评价体系的构建原则和步骤

可持续发展是一个内容极为丰富、极为复杂的系统，可持续发展本身具有的复杂性、跨学科性等特点决定了可持续发展的评价也是一项极为复杂的工作。对可持续发展评价的研究可分为3个层次：理论研究、应用方法研究和实证研究。

2.5.1.1 评价指标体系的构建原则

建立指标体系是一项较为复杂的工作，为了达到科学性、规范性和能在大范围内使用的目的，建立指标体系应遵循一定的原则，主要有：（1）系统性原则；（2）层次性原则；（3）科学性原则；（4）可操作性原则；（5）动态发展性原则。除此之外，还要考虑定量和定性相结合的原则、动态与静态相结合的原则，同时，选取评价指标时，应考虑到简明性和可比性。

2.5.1.2 可持续发展的评价步骤

可持续发展的评价步骤一般包括：（1）确定评价对象，被评价对象要大于

1；（2）设计评价指标体系，遵循相应的原则；（3）确定权重系数，有主观方法和客观方法；（4）选用或构造评价模型，必要时可对模型进行适当修正或合成，并取得理论上的支持或认可；（5）整理相关指标数据，进行评价；（6）分析评价结果，进行排序或分类，给出评价结论。

2.5.2 主要的可持续发展评价指标体系

2.5.2.1 世界主要可持续发展指标体系

（1）联合国可持续发展委员会可持续发展指标体系（PSR 模型）。“压力 - 状态 - 响应”（Pressure - State - Response，PSR）模型最早由加拿大统计学家 Friend 提出，1990 年经济合作与发展组织（Organization for Economic Co - operation and Development，OECD）根据 1989 年 7 国集团首脑会议的要求启动了一个专门开展环境指标的研究计划，首先将这一方法应用于环境指标研究并获得了广泛支持。

具体来讲，压力指标测量由人类活动引起的环境影响，如污染物排放、资源回采率等；状态指标测量由压力引起的环境状况的变化和后果，如周围污染物的浓度等；响应指标反映人类为改善环境状态而采取的社会行动，如新法规、排污收费制度等。后来，在研究和应用的过程中，将 PSR 模型改造成 DSR 模型，即将原模型中的“压力（Pressure）”修改为“驱动力（Driver）”。

联合国可持续发展委员会在 1995 年批准实施了为期 5 年的可持续发展指标工作计划（1995 ~2000 年），并于 2001 年出版了《可持续发展指标：指导原则和方法》。该指标体系分为经济、社会、环境、制度四维，以“驱动力 - 状态 - 响应”模式构建指标。在国家检验和评价的基础上，最终确定了经济、社会、环境、制度 4 个维度、15 个主题、38 个子主题的指标框架，并确定了核心指标体系，共包含 58 个指标。

许多国际组织和国家的可持续发展指标体系研究继承了该模型并用来反映可持续发展概念中各要素间的复杂关系。其中比较有影响的有英国的可持续发展指标体系、联合国统计局（UNSTAT）的可持续发展指标体系等。

（2）环境问题科学委员会可持续发展指标体系。环境问题科学委员会（Scientific Committee on Problems of Environment，SCOPE）和联合国环境规划署（United Nation Environment Program）合作开展了高度综合的可持续发展指标体系的研究并提出了一套指标体系。该指标体系采用的基础模型将人与自然间的相互作用关系划分为 4 大类，源（source）、汇（sink）、生命支持和人类福利。SCOPE 开发了一套覆盖以上 4 方面，包含 25 个指标的指标体系。该指标体系初期工作主要集中于资源环境的可持续性方面，最终目标是将其扩展到持续发展的社会、经济等其他领域。

环境问题委员会的指标体系中，环境为人类社会活动提供最基本的资源，如土壤资源、矿物资源木材、食品等；自然资源为转化成品和能量服务；自然系统则提供了人类必需的生命支持系统的服务功能；空气和水污染直接影响人类的生存。

（3）世界保护同盟“可持续晴雨表”评估指标体系。世界保护同盟与国际开发研究中心于1995年首先提出了“福利卵”的假设，即把蛋清看作生态福利，蛋黄为人类福利，可持续发展是生态福利和人类福利的结合，正如蛋清和蛋黄一样相互依赖。在此假设的基础上，将生态福利和人类福利两个系统各分为5个要素方面，每个要素方面又有若干指标。指标被赋予同等权重分别集成生态系统福利指标、人类福利指标、福利指数和福利压力指数。

“可持续性晴雨表”以可视化图形表示，横轴为人类福利指数，纵轴为生态系统福利指数，划分为5个坐标区域来反映可持续发展状况，即可持续发展、基本可持续发展、中等可持续发展、基本不可持续发展、不可持续发展。

2.5.2.2 中国主要可持续发展指标体系

1994年中国政府编制完成并通过了《中国21世纪议程》，其中提出了可持续发展评估指标。在此前后，国家发改委、科技部、统计局、中国科学院、清华大学和北京大学等都对可持续发展评估指标体系的研究做出了贡献。

国家发改委国土开发与地区经济研究所提出，评价指标体系包括社会、经济、资源和环境4个指标体系。其中，社会指标包括总人口、人口增长率等20个指标；经济指标包括GDP及变化率、人均GNP及变化率等15个指标；资源指标包括资源储量及变化率、资源开发利用程度等6个指标；环境指标包括CO_2、SO_2排放量及变化率等20个指标。应用ECCO方法模拟运行，另外还提出了主要非货币指标，如土地、森林面积及变化率等12个指标。

科技部中国科学技术促进发展研究中心提出，评价指标体系包括生态环境保护与自然资源有效利用、科技进步与人口素质提高、经济结构优化与经济效益提高、社会福利水平与生活质量提高等5个子体系共计42个指标。

国家统计局统计科学研究所、中国21世纪议程管理中心课题组把可持续发展分解为经济、资源、环境、社会、人口、科教与教育6个子系统，每一个子系统所含的指标主要依据《中国21世纪议程》的内容和要求来确定。

中科院和国家发改委地理研究所提出，评价体系包括4个子系统层、15个主题层、包括90个指标，其中4个子系统层分别是经济发展、社会进步、资源环境支持、可持续发展能力子系统。

山东省可持续发展研究中心提出，指标体系由4个子系统、11个主题层、48个指标组成，其中4个子系统分别为：经济基础、发展水平、发展能力和满意程度。

目前，在国内影响最大的是中国科学院可持续发展战略研究组（2003年）

按照系统学的理论和方法，独立设计了一套“五级叠加、逐层收敛、规范权重、统一排序”的中国可持续发展指标体系。这个指标体系依照人口、资源、环境、经济、技术、管理协调的基本原理，对有关要素进行外部关联及内部自给的逻辑分析，并针对中国的发展特点和评判需要，把可持续发展指标分为总体层、系统层、状态层、变量层和要素层5个等级，包含47个指数，249项要素。

综上所述，尽管各研究机构所选取的二级子系统或指标体系的名称及所包含的内容不尽相同，但具体指标方面则是大同小异。

2.5.2.3 中国的可持续发展指标体系存在的问题

中国对可持续发展评价指标体系的研究起步早，但缺乏系统性和实用性。主要存在以下问题：

（1）尚未形成全国统一的可持续发展指标体系。目前，美国、加拿大、荷兰、英国、芬兰等国家都已经形成了统一的国家级的可持续发展指标体系，而中国现有的可持续发展指标体系种类多，且不太成熟，还未能建立起一个适合不同地区、能够被广泛认可的、有较强操作性的可持续发展指标体系。

（2）缺乏专门的组织机构统筹推进。国际上不少国家的可持续发展体系研究都有专门机构负责推进。美国的可持续发展指标体系构建的开端是在1993年6月14日，由当时的美国总统克林顿签署行政命令成立“可持续发展总统委员会”（PCSD），在1994年组织了一个各部门合作的可持续发展指标小组（SDI Group），并发布了研究结果，如1996年的10项可持续发展国家目标、1998年的美国可持续发展指标等。同样，英国的可持续发展指标系统也是由不同部门构成的工作小组来专门负责推进。而中国可持续发展指标体系的研究，到目前为止尚未明确牵头部门和负责机构。

（3）对实践的指导性差。指标必须具有清晰的定义以及再现性、确定性和实用性等特征。当前中国可持续发展指标体系却存在不易操作、难以进行综合与试验、不利于不同城市区域之间比较等问题，这是由不少指标的选择或是难以计算、或是同现有的统计资料脱节所致。

（4）存在重评价、轻预警与调控，重经济评价、轻资源环境和人文评价，重客观指标、轻主观指标等问题和缺点。

2.5.3 可持续发展指标体系的评价方法

2.5.3.1 研究方法的基本观点

目前，国内外对可持续发展指标体系的研究方法归纳起来大致有3种观点。

（1）主张建立一种评价体系，即以现有统计资料和数据为基础，按可持续发展思想重新构造一个层次结构清晰的评价系统，而不改变现存的统计指标和指标体系。这种方法的优点是资料易得、成本较低，缺点是按这种方法构造的指标体系能不能恰当地反映可持续发展，尚存疑点。这种按照评价系统构建的指标体系重点在于对发展结果进行评价，而不是对发展过程进行监控。如联合国开发计划署的人文发展指数（HDI）、联合国统计委员会提出的将环境与资源纳入核算框架的环境与经济综合核算体系（SEEA）、摩登（Moldan，1993 年）的复合型指标体系、美国的约纳森和阿布杜拉（Nia Jonathan and Abdullh，1993 年）提出的可持续模型等，大致都属于这种类型。

（2）主张按可持续发展的思想，重新构造一些新指标，作为对传统的 GDP 或 GNP、NI 等指标的修正和补充。其优点在于，这是一种自上而下的方法，避免了指标合成的主观性，指标较简单，与经济指标的联系更为紧密，从而有利于决策。但修正指标时所需的基础数据与现行统计数据有差距，成本较高。这方面最具权威性的成果是世界银行 1995 年 9 月 17 日发布的《世界银行制定新的国家和地区财富计算法》的公告，其中提出了“保存财富”这一重要概念。

（3）主张彻底改革现行的统计指标体系，重新构造一种能从总体上描述人口、经济、社会、资源、环境五大系统之间相互联系、相互影响、综合的可持续发展指标体系，以取代现行的以 GDP 或 GNP 为主要衡量标准的指标体系。

后两种观点更接近可持续发展的本质，但资料难于获得，试验和推行成本较高。

2.5.3.2 主要的评价方法

评价方法是可持续发展评价的一个重要因素，不同的评价方法，其评价角度、评价的目标和内容、评价的侧重点都有所不同，所表现出来的结果也会存在差异。目前常用的可持续发展评价方法有：综合评判法、主成分分析法、层次分析法、灰色关联度法、真实储蓄法、生态足迹法、时间系列法、空间分析法、功效系数法、隶属度函数法和线形加权法等。

2.6 本章小结

通过本章的综述，得出结论如下：

（1）经典的可持续发展定义言简意赅，但其内涵丰富，不同的领域有不同的理解和侧重点，可持续发展理论是一个开放的体系。

（2）可持续发展理论随着时间的变迁不断发展变化，各国与理论相结合的实践活动也不断变化。中国政府高度重视并积极推进可持续发展战略，是较早进行可持续发展理论研究和可持续发展实践活动的国家之一。

（3）借鉴多个国家和组织的可持续发展评价模型和方法，基本明确了构建中国铝工业可持续发展评价模型的思路和框架，为本书第 6 章的论述打下理论基础。

3 铝工业发展规律研究

3.1 铝工业的主要环节

在金属材料的应用中铝材仅次于钢铁居第二位，铝材因冶炼过程消耗大量能源和具有高度可回收性的特点，被称为“储能金属”和“绿色金属”。按照物质流分析，金属铝的社会流动，即广义上的铝工业可以分为生产、加工、应用和再生4个部分，见图3－1。

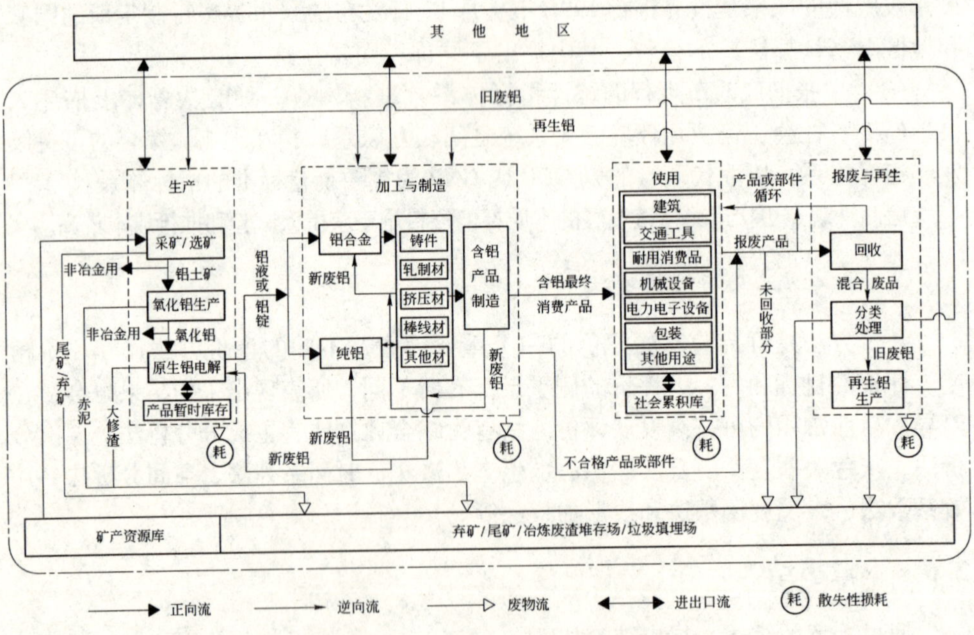

图3－1 铝的社会流动过程图

现代铝工业大致可分为原生铝工业和再生铝工业两大部分。原生铝工业，依靠不可再生的矿产资源和能源，采用传统的矿物加工处理方法来提取金属铝。再生铝工业是以原铝产品中弃用边角料、回收的铝制品为原料，通过熔炼、加工制成目标产品。图3－2是铝工业的主要生产消费流程图。

从物质流动的方向看，原生铝工业是一种单向流动的线性生产模式，即“资源－生产－消费－废弃物排放”，依靠的是高强度的开采和大量消耗资源和

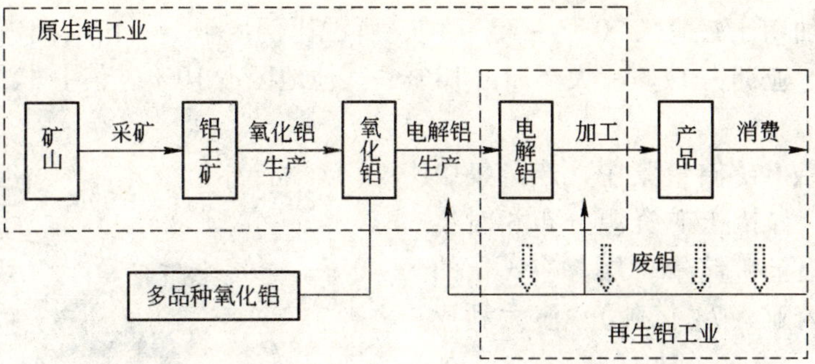

图 3-2 铝工业的主要生产消费流程图

能源，同时高强度地破坏生态环境。再生铝工业却把生产活动组织成一个“资源-生产-消费-再生资源”的循环式流程，最大限度地反复利用进入系统的物质和能量，实现了“低开采、高利用、低排放”，提高了生产运行的质量和效益。表 3-1 是生产再生铝与原铝所需能量的比较。

铝工业的可持续发展，就是在铝工业的生产和应用过程中，重点关注并力争实现：(1) 持续降低发生在铝生产中的工伤、职业病和环境污染事故；(2) 减少废物排放量，改善能源利用效率；(3) 在铝的整个循环使用周期中减少温室气体的排放量；(4) 同产品供应商和产品消费者一道致力于提高产品的产量和使用范围。这就是国际铝业协会对可持续发展理论做出的积极反应，即向全球铝业协会成员发起的可持续发展运动，又称“马歇尔计划”。

表 3-1 生产再生铝与原铝所需能量的比较

能源种类	原生铝所需能量/GJ · t^{-1}			再生铝所需能量/GJ · t^{-1}	节能效果/%
	电解、熔炼	其他工序	合 计	合 计	
电	167609	7068	174677	1083	99.4
天然气、重油等	16167	22314	38481	4414	88.5
总 计	183776	29382	213158	5492	97.4

3.2 铝工业的发展现状及特点

3.2.1 铝土矿资源

3.2.1.1 世界铝土矿资源的分布

据美国地质调查所（Mineral Commodity Summaries）提供的数据，2009 年世界铝土矿储量约 270 亿吨，基础储量约 380 亿吨，世界铝土矿总资源量为 550 亿～750 亿吨。世界铝土矿资源量主要分布地区为：南美洲 190 亿～250 亿吨、非洲

160亿~200亿吨、亚洲80亿~130亿吨、大洋洲70亿~100亿吨、欧洲30亿~40亿吨、加勒比海地区20亿~30亿吨；所占比例大致为：南美洲占33%、非洲占27%、亚洲占17%、大洋洲占13%、其他地区占10%，其中非洲的潜在储量很大。

世界铝土矿储量集中，产量集中度较高。世界铝土矿资源分布相对集中，按照铝土矿储量排序，前8位的国家是几内亚（74亿吨）、澳大利亚（58亿吨）、越南（21亿吨）、牙买加（20亿吨）、巴西（19亿吨）、印度（7.7亿吨）、中国（7.5亿吨）和圭亚那（7亿吨），储量合计约占世界总储量的79.3%。中国铝土矿储量占世界总储量的2.8%，居世界第7位，见图3-3。

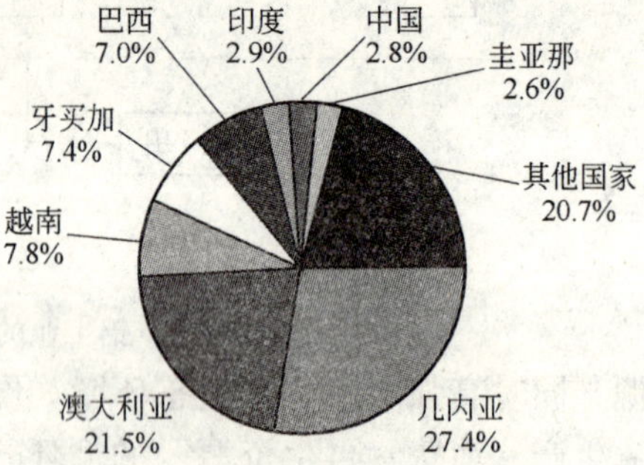

图3-3 2009年世界铝土矿储量分布
（数据来源于美国地质调查局）

3.2.1.2 世界铝土矿资源的特点

（1）储量丰富，安全保障程度高。世界铝土矿资源丰富，资源保证度很高，可开采、具备经济效益的铝资源可满足人类至少300年的现有需求。即使消费量在2020年增长1倍，在可预见的21世纪中世界铝土矿储量/资源也能够保证需求。

（2）集中度高，分布不均衡。世界拥有铝土矿资源的国家达50多个，但排在世界前8位的国家占了储量和资源储量总量的80%左右。

（3）分布格局不断变化。20世纪60年代，澳大利亚成为铝土矿的资源/储量大国；70年代，它是铝土矿与氧化铝的生产大国；80年代，在印度尼西亚的西加里曼丹、委内瑞拉的洛斯皮希瓜、沙特阿拉伯及赞比亚等地又相继发现了一些重要矿床，老挝、委内瑞拉也已成为世界上重要的铝土矿资源国。近年来，在越南也发现了大量铝土矿资源。

（4）铝土矿新的替代资源。除铝土矿以外，世界非铝土矿中蕴藏的铝资源也相当巨大，包括自然界大量产出的富铝矿物，如霞石、拉长石、红柱石、白榴石、钠明矾石、纯钠铝石、钙长石、高岭土，它们也构成了铝的重要来源。发达的工业国家利用这种非铝土矿资源的情况越来越多。

3.2.1.3 中国铝土矿资源的分布

中国铝土矿资源占有量仅为世界的2.8%，开采量约为世界的10%。2008

年，全国累计查明资源储量为32.23亿吨，基础储量7.35亿吨，铝土矿产地425处。资源储量分布于20个省（区），主要集中在山西9.95亿吨（基础储量1.15亿吨）、广西5.10亿吨（基础储量1.35亿吨）、贵州5.10亿吨（基础储量2.05亿吨）和河南6.96亿吨（基础储量2.03亿吨）四省（区），它们合计查明资源储量27.11亿吨（基础储量6.58亿吨），约占全国查明资源储量的86.6%，基础储量的89.5%，如图3-4所示。

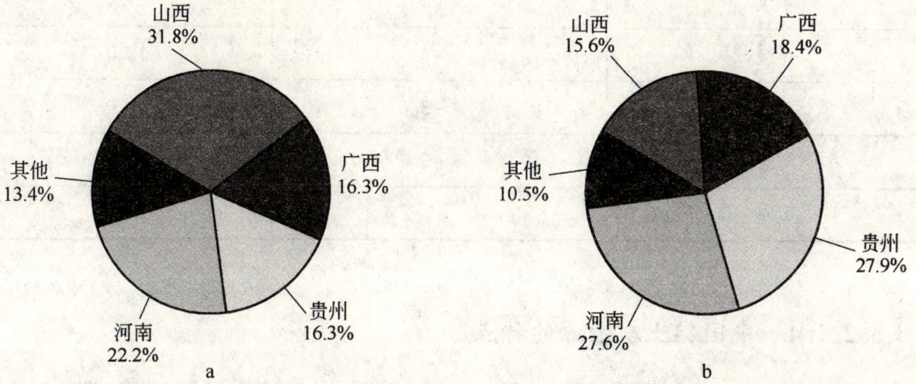

图3-4 中国铝土矿资源储量和基础储量分布图（2008年）
a—资源储量；b—基础储量

中国的铝土矿资源以一水型铝土矿为主，且类型比较复杂，分布也呈现区域化，表3-2是中国不同类型的铝土矿的分布情况。

表3-2 中国铝土矿的类型及分布情况

基本类型	亚类型	主要分布地区
一水型铝土矿	水铝石-高岭石型（D-K型）	山西、山东、河北、河南、贵州
一水型铝土矿	水铝石-叶蜡石型（D-P型）	河南
一水型铝土矿	勃姆石-高岭石型（B-K型）	山东、山西
一水型铝土矿	水铝石-伊利石型（D-I型）	河南
一水型铝土矿	水铝石-高岭石-金红石（D-K-R型）	四川
三水型铝土矿	三水铝石型（G型）	福建、广东

中国铝土矿石品位较低，多数为一水硬铝石型低铝硅比的中品位矿石。矿石铝硅比（Al/Si）以5~7为主，约占46%；高铝硅比（Al/Si>9）矿石数量少，不到20%，且在矿床中分布不连续，见表3-3。

表 3-3 中国不同铝矿石等级的比例分布

铝土矿等级	铝硅比	所占比例/%
1 级	≥12	1.5
2 级	12～9	17.0
3 级	9～7	11.3
4 级	7～5	27.9
5 级	5～4	18.0
6 级	4～3	8.3
7 级	3～2	1.5
其他	<2	14.5

3.2.1.4 中国铝土矿资源的特点

（1）中国铝土矿储量占世界总储量的 2.8%，属于铝土矿资源相对匮乏的国家。人均铝土矿占有量约 500kg，相当于全球人均水平的 10%。

（2）中国大多数地区，铝土矿矿床中优质矿石分布的连续性差，矿石质量不佳，且贫矿较多，富矿稀少，开发利用难度大。

（3）共生、伴生矿床多，单一矿床少。中国 80% 左右的有色矿床中都有共伴生元素，尤以铝、铜、铅、锌矿产多。

（4）分布范围广，区域不均衡。

3.2.1.5 多元化利用矿产资源趋势

地壳中的铝资源主要以 Al_2O_3 形式存在于铝土矿中，但在一些非铝土矿中也蕴藏着丰富的铝资源。世界上主要的铝工业大国，除有效利用铝土矿资源外，也很重视对非铝土矿资源的开发利用。这是由于这些国家铝土矿资源不足（如美国、法国）或基本没有（如德国、加拿大、日本）。美国、日本、德国等国家多年来一直积极开展利用 Al_2O_3 含量低的铝土矿和非铝土矿原料提炼氧化铝的研究和试验。俄罗斯在这一方面的成效显著，并运用于工业生产，生产氧化铝采用的原料主要是明矾石和霞石。美国矿业局从 1973 年开始执行从非铝土矿资源中提取铝的研究计划，除利用含铝黏土和片钠铝石外，还利用前苏联的专利开采利用犹他州的明矾石矿床。此外，加拿大、法国、意大利、德国等国家，也在研究利用非铝土矿资源的问题。但是实际结果表明，目前用这些替代原料生产氧化铝与铝土矿相比较是相当不经济的。

3.2.2 原铝工业

中国铝工业起步于20世纪50年代中期，直到80年代以前发展速度缓慢，铝产量始终没能突破年产40万吨大关。1983年成立中国有色金属工业总公司，确立了优先发展铝的方针，铝工业出现了崭新的局面。90年代，中国的铝工业进入了一个快速发展时期，国家投入了上千亿资金，调动了中央与地方两个积极性，从矿山开采、选矿、氧化铝和电解铝生产到铝加工、深度加工及应用等各方面都得到了蓬勃的发展，形成了一个完整的工业体系和产业部门。进入21世纪，中国铝工业进入了高速发展时期。“十一五”期间，中国铝工业持续高速发展，在结构调整、自主创新、节能减排等方面取得长足进步，基本满足了国民经济和社会发展需要，具备了向铝工业强国转变的产业基础。

中国铝工业发展60年来取得了令世人瞩目的伟大成就，主要体现在：（1）保障了国民经济发展、国防军工建设的需要；（2）建立了规模宏大、综合配套、布局合理的铝工业体系；（3）形成了开放的商品与资本、现货与期货并存的市场体系；（4）构建了以企业为主体、产学研用结合的技术创新体系；（5）形成了具有中国铝工业特色、适应竞争要求的新格局。

3.2.2.1 氧化铝

目前世界氧化铝生产地主要集中在大洋洲、拉丁美洲、北美洲、欧洲、亚洲和非洲等铝土矿资源较为丰富的29个国家，60多个氧化铝厂。世界五大氧化铝生产国分别为澳大利亚、中国、美国、巴西和牙买加。五个国家氧化铝产量约占世界总产量的60%。

根据国际铝业协会（IAI）公布的数据，2010年，世界氧化铝产量为5161.7万吨，其中91%用作冶金用途。各大洲的产量分别为：大洋洲1964.7万吨，美洲1805.5万吨，拉丁美洲1360.9万吨，欧洲820.4万吨，亚洲（不包括中国、韩国、伊朗、阿塞拜疆）511.5万吨，北美洲444.6万吨，非洲59.6万吨。

生产氧化铝需要消耗大量资源和能源，表3-4是国际主要氧化铝企业能耗的比较，可以看出，中国氧化铝企业能耗居高不下，这是中国铝产品国际竞争力不强的主要原因之一。

原生铝工业由于消耗大量的资源和能源，发达的工业国家有削弱和控制生产的趋势。1980年以前一批经济发达的国家都进口铝土矿生产氧化铝，由于世界政治经济格局的变化，1980年前后世界铝工业发生了较大的区域性转移。其中，氧化铝工业向资源优势国家转移；电解铝工业向能源（电力）优势，或资源（铝土矿）优势的区域转移，除少数电力资源有优势的国家（如加拿大、挪威等）外，经济发达国家电解铝工业趋向停顿或萎缩。表3－5是主要氧化铝生产国1980年和2006年的产量变化的比较。

表3－4　国际主要氧化铝企业能耗比较

生产单位	生产方法	铝土矿类型	综合能耗/kgbmt^{-1}（AO）
中国铝业	混合法	一水硬铝石、三水铝石	894
法国铝业	拜耳法	三水铝石、一水软铝石	462
宾加拉（澳大利亚）	拜耳法	三水铝石	383
圣·尼古拉（希腊）	拜耳法	一水硬铝石	500
施塔德（德国）	拜耳法	三水铝石	328

数据来源：国家环境保护部《氧化铝企业清洁生产标准编制说明》。

表3－5　主要氧化铝生产国1980年和2006年的产量变化比较表　（kt）

铝土矿来源	国　家	1980年	2006年	增　量
本国生产	澳大利亚	7246	18312	11066
	中国	854	13696	12842
	巴西	493	6720	6227
	印度	500	3080	2580
	牙买加	2456	4100	1644
	希腊	494	510	16
	几内亚	708	555	－153
	匈牙利	805	300	－505
从他国进口	美国	6810	5012	－1798
	日本	1936	780	－1156
	德国	1651	830	－821
	法国	1273	500	－773
	意大利	900	1090	190
	加拿大	1202	1477	275

从表3－5中数据比较可以看出：以进口铝土矿生产氧化铝的国家中，美国、日本、德国、法国的氧化铝产量都呈下降趋势；意大利、加拿大氧化铝产量虽有增长，但增加幅度不大。而铝土矿主要生产国澳大利亚、中国、巴西、印度、牙买加等的氧化铝产量都有较大增幅。

世界氧化铝工业发生区域性转移的深层次的原因，在于世界范围内的工业化进程的转移。具体来说，氧化铝产量减少的国家，主要是已完成工业化的发达国家，如美国、日本、德国、法国、匈牙利等，在完成工业化后，铝的消费量维持平衡或减少，从经济和环境方面考虑，已不适宜在本国进行氧化铝生产。氧化铝产量增加的国家，一部分是发展中国家，如中国、印度等，工业化需要为氧化铝生产提供了空间；另一部分是拥有丰富的铝土矿资源的国家，如澳大利亚、巴西、印度、牙买加等，在本国生产氧化铝，既可减少铝土矿运输费用，又可延长产业链，将资源优势变为经济优势。

3.2.2.2 电解铝

世界电解铝产地主要集中在北美、西欧、俄罗斯、澳洲、拉美和中国等地，其中美国铝业公司（ALCOA）、加拿大铝业公司（ALCAN）、雷诺金属公司（REYNOLDS）、凯撒铝及化学公司（KAISER）、波西涅工业公司（PECHINEY）、瑞士铝业公司（ALUSWISSE）、德国联合工业公司（VAW）、俄罗斯铝业公司（RUSAL）和中国铝业公司（CHINAL）等9大跨国铝业公司的生产能力和年产量均占全世界原铝产能和年产量的60%以上。铝工业为高耗能行业，尤其是电解铝环节。表3－6为中国吨铝锭的资源和能源消耗与国际的比较，不难看出，中国原铝工业的资源能源消耗几乎居于最高水平。

表3－6 中国吨铝锭主要消耗指标与国际的比较

资源消耗	氧化铝/kg	氟化盐/kg	新水/m^3	电/kW·h
中国	1950	25	10	15000
欧洲（EAA）	1925	18.9	9.6	14914
世界（IAI）	1923	16.4	5.3	15289

数据来源：EAA2008报告。

从地域上来讲，中国属于电解铝的消费区，并不存在资源和能源优势。但中国目前处于工业化的中期阶段，铝工业出现快速发展，相当于发达国家工业化完成前的快速增长阶段。进入21世纪十多年来，中国电解铝产量和消费量迅猛发展，电解铝产量和消费量分别于2001年和2004年跃居世界第一，并保持快速增长。2009年由于国际金融危机的影响，中国原铝产量和消费量略有下降，2010年重新跃上高位，分别达到1624万吨和1650万吨的历史最高水平。美国和德国等国家由于进入了后工业化时代，铝消费呈下降趋势。其他国家由于完成了工业化进程，原铝消费量趋于平稳。世界主要国家原铝消费量变化情况如图3－5所示。

不论是原铝的产量还是消费量，中国都为世界铝工业的发展作出了重要贡献，尤其是2000年以后。21世纪的头10年，世界原铝产量、消费量分别增长了1611.45万吨和1499.02万吨，中国原铝产量、消费量分别增长为1325.49万吨和1296.73万吨，对世界增量的贡献率分别为82.25%和86.51%。由此可见，进入21世纪以来，拉动世界铝工业快速增长的主要因素是中国。图3-6所示为中国和世界的原铝产量和消费量变化情况。

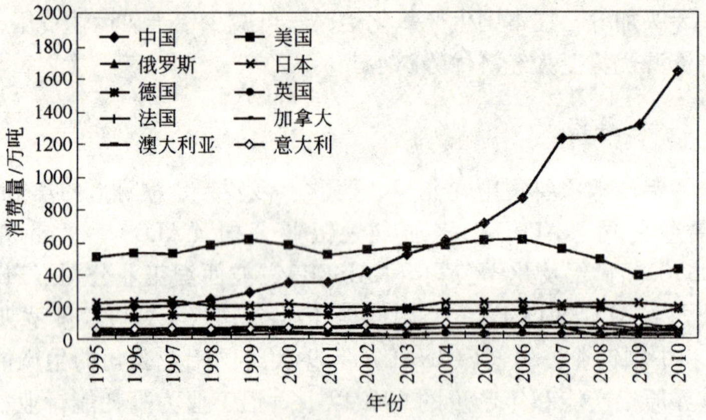

图3-5 世界主要国家原铝消费量变化情况（1995~2010年）

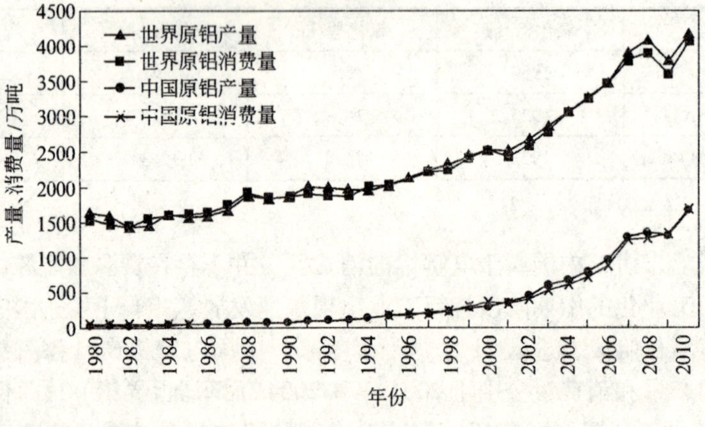

图3-6 中国和世界的原铝产量和消费量变化情况（1980~2010年）

3.2.2.3 人均原铝消费

铝的消费量取决于多种因素，主要有国民经济增长、城市化进程、工业规模以及传统和新兴产业对铝的需求。例如：近几年，除传统产业（汽车制造业与建筑工业）对铝的需求量大幅增加外，一些新兴产业（可再生能源工业，特别是太阳能电池）对铝的需求也有拉动作用，且处于高速增长期。

人均铝的消费量是一个国家现代化程度和工业化程度的重要标志。虽然中国的原铝产量和消费量占世界第一，但人口基数大，工业化进程还未完成，城市化率还不高，这些原因都导致中国原铝消费的人均数值不高，2010 年的数据约为 11.8kg，低于德国、加拿大、日本、意大利、澳大利亚、美国等发达国家的水平，见图 3－7。由此可见，中国的铝工业还有巨大的发展空间。

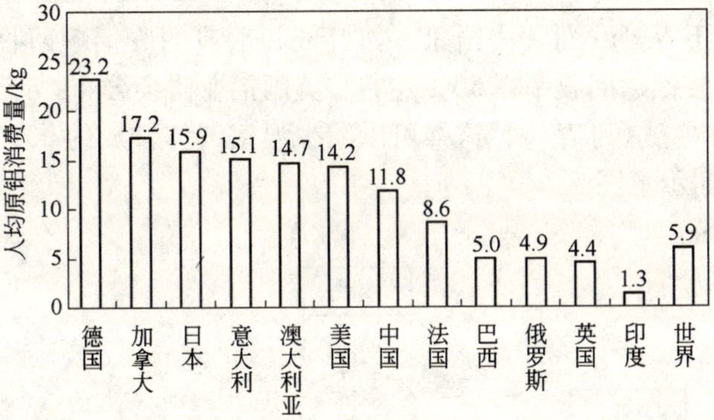

图 3－7　主要国家的人均原铝消费量对比图（2010 年）
（资料来源：有色金属统计，2011）

3.2.3 再生铝工业

3.2.3.1 再生铝工业的资源

再生铝工业的资源主要来源于废铝，即应用领域的消费废铝和生产领域的加工废铝。消费废铝可获得量依赖于铝的应用累积总量和铝产品的生产周期，而加工废铝可获得量主要取决于铝加工总量和产品成品率。据报道，目前应用中铝的累积总量估计在 4 亿～5 亿吨之间，其应用主要集中在运输、建筑、包装和汽车领域。应用领域不同，铝产品的生命周期差异悬殊。包装铝的生命周期只有几个月，汽车上的铝的平均生命周期约为 12 年，而建材铝的生命周期可以长达 30～40 年。

最近几十年，美国、欧洲和日本在再生铝领域一直独占鳌头，呈三足鼎立之势。随着经济全球化，废铝已进入国际市场，成为一种可流动的资源。最近几年中国大量进口废铝，已引起国际市场的高度关注。

再生铝工业具有耗能低（节约能源达 95%）、污染小（二氧化碳及其他有害排放物大大减少）、生产成本低（只需熔炼加工）等优点。

3.2.3.2 国外废铝回收和再生

20世纪90年代中期，西欧国家不同应用领域的废铝平均回收率为57%，平均再生率为48%，其中交通领域的废铝回收和再生的效果较好，其回收率和再生率分别可以达到92%和74%。最新数据表明，德国、荷兰、法国、英国、意大利和西班牙，建材废铝的再生率已高达95%。就全球来说，汽车工业和航天工业的废铝回收率达到了90%~95%，建筑业达到80%~85%，废铝罐回收率在30%~90%不等。欧洲一些国家，如挪威和瑞典的废铝罐回收率特别高，达到95%，北美废铝罐回收率在50%左右。美国铝业协会公布，计划2015年废铝易拉罐的回收率应达到75%，这样可以减少温室气体排放约900万吨。图3-8为铝的循环代谢示意图。

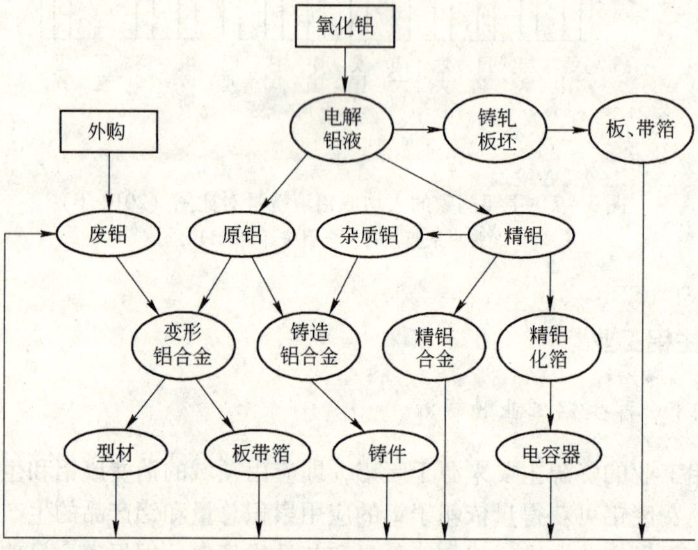

图3-8 铝的循环代谢示意图

废铝回收再生是美国铝工业的一大热点，废铝回收和环境保护已经被纳入美国国家议事日程表。美国诺威利斯铝业公司以俄亥俄柯利夫兰为基地，于2006年回收了240亿个废铝罐，其在Berea的铝罐回收再生厂是全球最大废铝罐回收再生厂。美国阿莱利斯公司是全球知名废铝回收再生公司，一直致力于发展废铝回收再生业务。英国每年回收食品和饮料罐约50亿个（包括铝罐和钢罐），拥有回收企业300多家，可回收金属150万吨，其中出口的废铝价值接近英国有色金属出口总量的三分之一。印度铝废料回收再生工业的发展不够快速，但是印度再生铝工业铝重熔产量几乎占到印度铝消费量的40%，并且还在迅速增长。

当前，再生铝已经进入大工业生产规模。未来10年，预计铝的总消费平均年增长约3%，其中原生铝消费年增长约2.7%，而再生铝的消费年增长可望达到4%以上。因此，再生铝有望比原生铝工业得到更快的发展。图3－9列出了世界各大洲再生铝企业数量的比较。

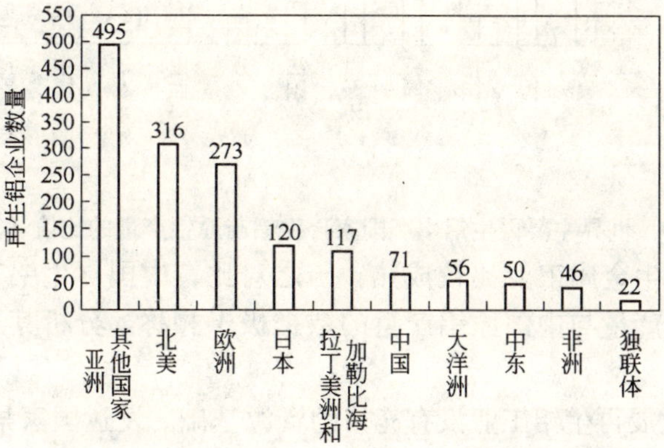

图3－9 世界各大洲再生铝企业分布图（2008年）

3.2.3.3 中国再生铝工业现状及原因分析

目前发达国家已形成完善的废杂铝收集、管理分拣系统，适应不断扩大的市场要求。发达国家在生产中不断推出新的技术创新举措，如低成本的连续熔炼和处理工艺，使低品位废杂铝升级的工艺等。

当前中国正处在经济和社会的高速发展阶段，但资源、环境和人口是经济和社会可持续发展面临的主要问题。长期以来，铝土矿资源和能源一直是制约中国铝工业发展的两个主要瓶颈。铝土矿、氧化铝、电解铝等环节对资源、能源的依赖程度高，生产过程对生态环境影响大。因此，建设以再生铝为中心的循环经济体系，实现铝资源的循环使用，不仅可以降低对矿产资源和能源的依赖，减少对生态环境的负面影响，而且对中国铝工业摆脱资源、能源约束，实现可持续发展至关重要。

中国是世界上铝金属生产和消费大国，但对再生铝的生产重视还不够，再生铝的生产起步较晚，在废旧铝的回收以及再生铝的生产系统上还不完善，再生铝的生产能力和工艺水平比较低，产量也不高。从图3－10世界主要再生铝生产国家再生铝与原铝产量的比较中，我们可以看出中国再生铝应用水平与世界水平的差距。

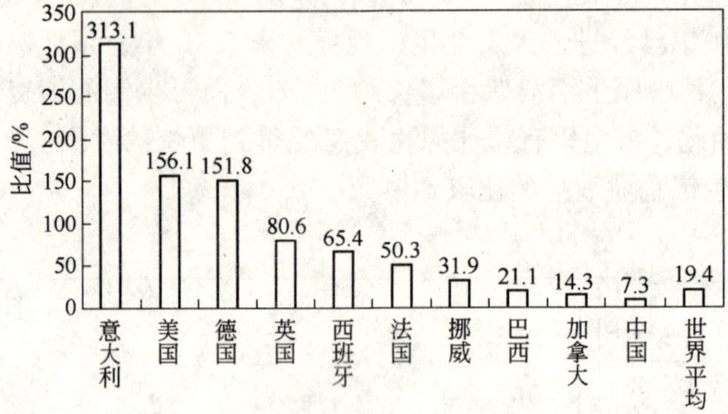

图 3－10　世界主要再生铝生产国家再生铝与原铝产量的比值（2010 年）

发达国家再生金属工业比较成熟，与之对比，中国再生铝工业发展较为缓慢，中国再生铝产量与中国原铝产量的数据极不相称。分析其原因有如下几个方面：

（1）中国发展再生铝工业没有充裕的资源基础。发达国家早在 20 世纪七八十年代就完成了工业化进程，而中国尚处于工业化进程的中期。中国现代铝工业的大发展始于 20 世纪 80 年代，而用铝大户建筑业的铝循环周期为 40～50 年，汽车业的循环周期为 10～15 年，大部分的铝资源尚在使用中。因此，中国发展再生铝工业没有充裕的资源基础。

（2）国家对资源耗竭的重视程度有待进一步加强。由于中国尚处于工业化的加速推进时期，国家和地方经济的发展对资源的需求量较大，地方和企业都迫切希望将资源优势转变为经济优势，因此，资源性企业加大采矿力度，以获取更大的利益。

（3）国家政策调控有待加强。为了推动中国铝工业的可持续发展，国家已经出台了一系列宏观调控措施，以限制资源开采和新上氧化铝项目。在此基础上，仍需进一步鼓励再生铝行业的发展，为他们提供更加宽松的政策支持，以减少资源和能源的消耗。

（4）技术进步因素。发达国家有整套的再生铝生产流程和成熟的分离技术，这在中国还不健全。

3.2.4　铝工业发展的新特点

3.2.4.1　世界铝工业发展趋势

通过研究世界铝工业 100 多年的发展，发现其具有 3 个显著特点：

（1）铝工业生产的两个转移。氧化铝和电解铝的生产区域由发达国家（地区）向发展中国家（地区）或资源和能源优势明显的国家（地区）转移；现代铝工业的重心逐渐由原生铝工业向再生铝工业转移。

（2）突出可持续发展主题。为了加速铝生产第二次革命的成功，世界许多国家的政府、企业和科技界进行了大量有益的工作。例如，美国铝业协会技术咨询委员会在其《为了未来的伙伴关系》的文件中提出了美国铝工业的中期发展战略目标，将其作为制定各项计划、科研课题，各项发展指南的基础。美国铝工业通过研究开发拟达到3个具体目标：铝的生产成本降低25% ~30%；铝电解电流的效率大于97%，铝加工生产综合能耗大幅度下降；铝在汽车、交通运输及基础设施市场的用量提高50%，使之部分替代钢材。这些目标也代表了世界铝及铝加工业的发展方向，如果能实现，将大大促进铝工业的发展。

随着工业化的进步，全球铝的消费量呈明显增长趋势，但电解铝的产量和份额逐步降低，同时，再生铝的产量和份额逐步提高。充分说明世界铝工业的发展逐步突出可持续发展的主题。图3－11是全球电解铝和再生铝产量份额变化情况。

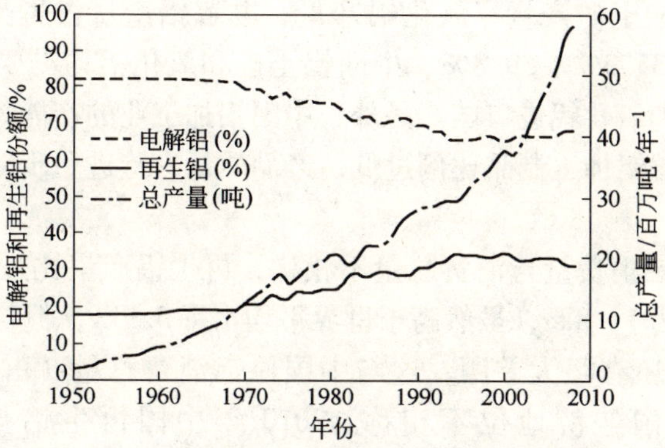

图3－11 全球电解铝和再生铝产量份额变化

何金祥研究了近25年美国铝金属的生产和消费特点指出：原铝产量减少约45%，再生铝产量增加约67%。铝的消费量增率较小，仅为1.6%。说明发达国家正大力实施可持续发展计划，不断优化产业结构，以减少资源、能源的消耗，同时，更好地保护环境。

（3）突出节能环保主题。西方国家近年来技术更新、创新力度很大。20世纪90年代中期，美国铝工业协会为获得未来全球铝市场的竞争优势，提出了“未来的合作”铝工业发展战略，并在2001年将该发展战略修订为“铝工业远景规划”。其中，提出了雄心勃勃的战略目标：到2020年，在创新性的提供材料的使用和解决方案方面（建立在铝材料可持续发展基础上），以及向客户提供最优价值方面，成为全球公认的领导者。

为实现这一目标，美国铝工业协会制定了《铝工业技术指南》，总体战略目标分为产品与市场、可持续发展、能源和资源三大部分，并制定了相对明确的细化目标。在《铝工业技术指南》中，按照各生产流程（氧化铝除外），用优先、次优先和重点三个层次清晰描述了近、中、长期研发项目。除此之外，还详尽阐述了优先开展的研发项目的技术问题、技术障碍及技术和市场的风险程度、回报程度和研发期限。从各生产流程优先开展的研发项目看，针对节能、环保和循环利用的技术创新研发项目是美国铝工业技术创新的主线。美国能源部根据2002年的数据分析得出结论：在过去的40年中，美国铝工业已经降低自身的能耗约58%，其中，21%是技术进步取得的成果，37%是由于循环利用取得的成果。

3.2.4.2 中国铝工业发展的特点

中国铝工业的发展除遵循国际铝工业的发展趋势外，还表现出以下特点：

（1）中国铝工业对国际市场的依赖程度较高。从铝土矿开采、氧化铝生产和电解铝生产3个环节来看，下游环节的产品占世界的比例均高于上游环节。中国铝土矿资源、铝土矿产量、氧化铝产量、电解铝产量占世界的比重分别为：2.8%、17.3%、35.9%、39.8%，中国铝土矿和氧化铝均需要大量进口，是世界最大的铝土矿和氧化铝进口国。另外，中国铝加工业的产能约占世界总产能的50%，但中国高端铝加工制品比例过低，产品质量有待进一步提升，同时高端铝制品需要进口。

（2）人均原铝消费量与消费总量不相称，再生铝产量比过低。2010年中国人均原铝消费量为11.8kg，虽然高于世界平均水平5.9kg，但与发达国家（如德国23.2kg）相比还有很大差距，这与中国原铝消费总量（占世界总消费量的41.5%）以及中国经济地位不相称。2010年中国再生铝与原铝的产量比（7.3%）明显落后于世界平均水平（19.4%），与发达国家差距更大。意大利、美国、德国的比值约为300%~150%。2008年中国再生铝企业为71家，占世界再生铝企业总数的4.5%。

（3）一体化和集团化趋势明显。一方面，越来越多的铝企业开始向上游领域拓展，延伸到电、煤企业；另一方面，越来越多的能源企业进军铝行业。这是提高市场竞争力、实现规模效益的有效途径。

3.2.5 中国实施宏观调控和战略规划

3.2.5.1 铝工业宏观调控政策

近年来，为推进铝工业的可持续发展，克服产能过剩、资源能源消耗和对环境的破坏，中国对铝行业实施了一系列宏观调控政策。

2004年将电解铝项目资本金比例由20%及以上，调整到35%及以上。2004年10月，商务部发文禁止年产能10万吨以下的铝冶炼厂直接进口氧化铝。2005年9月，国务院通过了《铝工业发展专项规划》和《铝工业产业发展政策》，在指导原则上体现了走新型工业化道路的要求。2006年对电解铝行业实行差别电价。2006年下调或取消原铝等未经深加工的铝产品的出口退税。2007年4月，国家发改委下发《关于遏制铝冶炼投资反弹的紧急通知》，对部分铝矿山、氧化铝、电解铝进行清理；7月部分铝制品出口退税被撤销，并开始对部分铝产品征收15%出口税。2007年提出铝市场准入条件，对建设规模及能耗提出要求。2008年8月20日起，对一般贸易项下出口的铝合金征收出口暂定关税，暂定税率为15%。

2009年5月11日，公布《有色金属产业调整和振兴规划》，对铝产业集中度、氧化铝、电解铝、能耗、终产品、再生铝等做出了规定。具体措施有：三年原则上不再核准新建、改扩建电解铝项目；到2010年底，淘汰落后小预焙槽电解铝产能80万吨；重点骨干电解铝厂吨铝直流电耗下降到12500kW·h以下；到2011年，国内排名前10位的铝企业的产量占全国总产量的比重提高到70%；铝深加工产品基本能够满足国内需求；加强煤铝共生矿资源开发利用，形成100万吨氧化铝生产规模；再生铝与原铝的产量比提高到25%。

2010年8月，工业和信息化部印发了《关于开展重点用能行业能效水平对标达标活动的通知》，对电解铝铝液直流电耗、铝锭综合交流电耗、氧化铝单耗、碳阳极消耗、氧化盐单耗、氟化盐单耗等标明了能效标杆指标。

2011年4月，工信部、发改委等9部门联合下发《关于遏制电解铝行业产能过剩和重复建设引导产业健康发展的紧急通知》指出：随着投资的快速增长，中国电解铝产能过剩、供大于求的矛盾十分突出，在局部利益的驱动下，一些地方仍在加快电解铝项目建设，致使电解铝行业供大于求、行业竞争激烈、市场价格低位徘徊、企业盈利能力下降的矛盾更加凸显。为此，提出了“严格控制拟建电解铝项目”、“严禁以各种方式扩大产能”、“取消地方出台的各项优惠政策”、“认真清理电解铝拟建项目”等措施。

3.2.5.2 铝工业“十二五”规划

中国有关部门全面研究了最近几年中国铝行业发展的特点，发现仍存在一些制约可持续发展的主要矛盾，主要有：（1）铝市场前景广阔，但国内产能严重过剩。由于电解铝技术及装备已完全国产化，准入门槛低，国内产能2010年达到2300万吨，产能利用率仅为70%左右，严重过剩。（2）技术进步成效明显，但节能减排任务繁重。（3）低附加值铝材大量出口，而高端铝材却依赖进口。国内大飞机等所需高端铝材依然靠进口解决，技术创新能力不强。（4）宏观调控政策不断出台，但调控效果有待改善。（5）国际贸易保护主义抬头，行业发展能源要素约束增强。西方国家为摆脱经济危机，对中国出口的铝材不断提出反倾销。同时应对全球气候变化，减少二氧化碳等温室气体排放新形势，以及国内节能减排的要求，迫切要求铝工业加快转变发展方式，加速实现转型升级。

2011 年 12 月，国家工业和信息化部发布了《有色金属工业“十二五”规划》，其中对铝工业的发展也提出了明确目标。“十二五”期间要做到：铝工业增加值年均增长 12% 以上，产业发展质量和效益明显改善；全部淘汰落后电解铝产能；单位产品能耗和二氧化碳排放进一步降低；技术创新能力显著增强，高端铝材品种和质量基本满足战略性新兴产业和国防科技工业需求；产业布局及组织结构得到优化，产业集中度进一步提高；再生铝规模继续扩大，赤泥、电解槽废内衬等资源综合利用、高铝粉煤灰提取氧化铝等技术实现产业化。同时，对铝工业发展主要目标提出了明确要求（见表 3 - 7），显示了国家加强宏观调控、实现铝工业可持续发展的决心。

表 3 - 7　“十二五”时期铝工业发展主要目标

指　标	2010 年	2015 年
工业增加值年均增速/%	14.6	12
高端铝材销售收入占铝加工销售收入比重/%	8	20
规模以上企业研发支出占销售收入的比重/%	0.33	>1.5
电解铝前 10 家产业集中度/%	67	90
淘汰落后电解铝产能/万吨	[84]	[80]
电解铝直流电耗/kW · h · t^{-1}	13084	≤12500
铝锭综合电耗/kW · h · t^{-1}	14013	≤13300
阳极效应系数/次 ·（日 · 槽）$^{-1}$	0.15	≤0.03
氟化物排放/kg · t 铝$^{-1}$	1	≤0.6
多氟化碳（PFC）排放/t CO_2 当量 · t 铝$^{-1}$	0.8	≤0.5
氧化铝综合能耗/kg 标煤 · t^{-1}	508	≤500
赤泥综合利用/%	4	≥20

注：[　] 中的数据为 5 年合计。

《有色金属工业“十二五”规划》对铝工业的发展提出了“五大工程”的主要指标：

（1）节能减排工程：结合淘汰落后产能，到 2015 年力争完成 1500 万吨及以上电解铝技术改造，电解铝直流电耗降到 12500kW · h/t 及以下，年节约电力 100 亿千瓦时，氧化铝综合能耗降到 500kg 标煤/t。电解铝电耗等主要技术指标居世界领先地位。

(2) 高精产品工程：掌握高端铝材核心关键技术，加速高端铝材产业化，延伸产业链，满足战略性新兴产业及国家重大工程需求。依托铝加工企业，发展铝精深加工部件，鼓励生产加工一体化；在消费集中地，有序发展特色鲜明铝精深加工产业基地，为下游装备及制造业提供部件；积极发展新型建筑节能铝合金门窗等产品。

(3) 资源开发工程：通过国内外资源勘探、开发，有效增加国内资源储量及境外权益资源量。到2015年，新增铝土矿生产氧化铝能力800万吨/年。依托具有实力的骨干企业，在资源丰富的贵州、山西、广西等省区以及境外建设原料基地。重点有中铝山西兴县年产100万吨、山西同德年产100万吨、山西阳泉年产100万吨、贵州清镇年产80万吨等一批氧化铝项目。

(4) 布局优化工程：调整优化产业空间布局，提高产业竞争力，实现产业与资源、能源、环境、社会和谐发展。主要内容：建立和完善高电价地区电解铝产能退出机制，积极引导能源短缺地区电解铝产能向能源丰富的西部地区有序转移。逐步推进城市铝冶炼企业转型或环保搬迁。

(5) 循环经济工程：按照减量化、再利用、资源化的原则，建设以提高资源产出效率和提高资源保障为目标的铝工业循环经济项目。到2015年，再生铝达到580万吨/年，赤泥综合利用和高铝煤炭资源开发利用实现规模化。完善再生资源回收体系，推进再生资源规模化高效利用。

经过国家对产业的宏观调控，中国铝工业产业结构得到优化，污染严重的铝自焙电解槽基本被淘汰，部分规模小、能耗高、技术装备水平落后的企业也逐步退出了市场；氧化铝、电解铝产能产量快速增长，已经成为世界最大的氧化铝和电解铝生产国；铝加工材产量创历史新高，世界先进的铝加工技术与装备相继落户中国，产品结构得到一定程度的优化，已由铝加工产品的净进口国变成净出口国。

这些宏观调控政策的出台和“十二五”规划的实施，保证了中国铝工业的健康发展和有序竞争，同时，保证了与其他行业之间的协调关系，促进了国民经济和社会的和谐发展。

3.3 铝工业发展规律研究

3.3.1 铝钢相关规律

3.3.1.1 铝钢发展周期同步规律

世界钢铁工业的发展呈现出明显的周期性。从20世纪初到现在，世界钢铁工业的发展经历了四个主要周期，分别用“慢Ⅰ、快Ⅰ、慢Ⅱ、快Ⅱ”来概括。

第一周期为缓慢发展Ⅰ期，从20世纪初到第二次世界大战结束（1946年），期间世界粗钢产量从0.283亿吨增长到1.116亿吨，平均年增长率为4.72%。第二周期是快速发展Ⅰ期，从第二次世界大战结束到部分工业化国家完成工业化(1947~1974年)，世界钢产量从1.36亿吨增长到7.09亿吨，平均年增长率为7.05%。第三周期是缓慢发展Ⅱ期，从1975~1999年，世界钢产量从6.454亿吨增长到7.892亿吨，平均年增长率为0.52%。第四周期是快速发展Ⅱ期，21世纪的头10年（2000~2010年），世界钢产量从8.489亿吨到14.14亿吨，平均年增长率为5.61%。期间由于金融危机曾出现短暂下滑，2008年、2009年分别下滑1.27%和7.38%。

世界原铝产量表现出了与粗钢产量一样的变化规律，增长曲线走势几乎一致(见图3-12)。第一周期，原铝产量平均年增长率为9.60%，大于同期粗钢产量平均增速3.79%的水平。第二周期，原铝产量平均年增长率为10.82%，大于粗钢产量平均增速7.05%的水平。第三周期，原铝产量平均年增长率为2.31%，大于粗钢产量平均增速0.52%的水平。第四周期，原铝产量平均年增长率为5.23%，略低于粗钢产量平均增速5.61%的水平。其中，同钢铁一样，原铝产量在2009年出现下滑，减少率为7.29%。

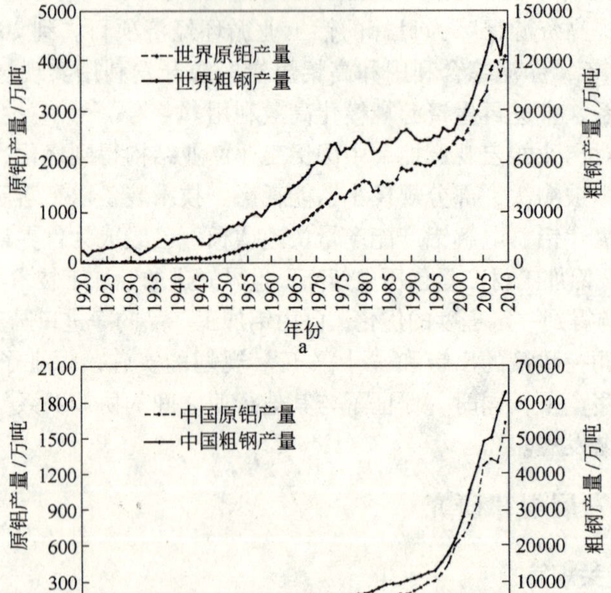

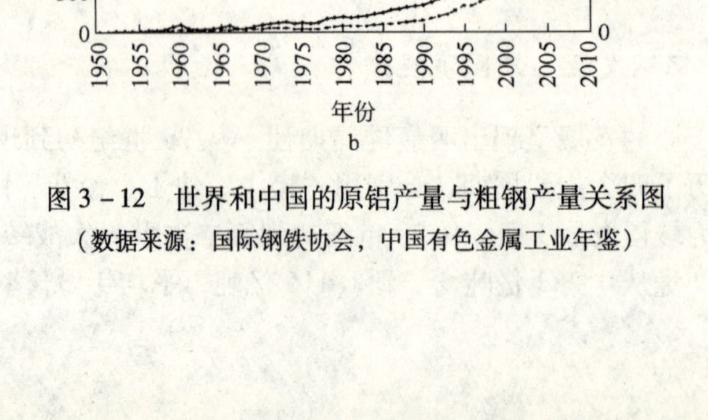

图3-12 世界和中国的原铝产量与粗钢产量关系图
（数据来源：国际钢铁协会，中国有色金属工业年鉴）

中国原铝产量曲线与粗钢产量曲线非常相似（见图3－12）。从新中国成立初期到2000年发展平稳，粗钢产量的平均年增长率为11.14%，原铝产量的平均年增长率为13.72%，高于粗钢的增长水平。进入21世纪，随着中国工业化进程加快，粗钢产量迅速增加，与此同时，原铝产量也进入快速增长的通道。2000～2010年，中国粗钢的平均年增长率为17.39%，原铝产量的平均年增长速度为18.98%，高于粗钢的增长水平。

从以上论述可以看出，世界、中国铝工业的发展都与钢铁工业发展具有密切的对应关系，呈现周期性波动规律。两者的相关性将在第4章进行讨论。

3.3.1.2 铝钢比变化规律

作为基础工业原材料，原铝的产量（消费量）与钢铁产量（消费量）有一定的比例关系，这里引入“铝钢比”概念，即：

铝钢比＝原铝产量（消费量）/粗钢产量（消费量）

作者研究了1920～2010年之间美国、中国和世界的原铝产量与粗钢产量的关系，得到如图3－13所示的铝钢比曲线图。美国于20世纪70年代初基本实现工业化，1973年粗钢产量达到峰值，此后，粗钢产量下降。1980年原铝产量达到峰值，此后原铝产量才开始下降，但粗钢产量下降速度更快，因此在1980年之前，铝钢比曲线一直呈上升状态。这种趋势在1991年后发生转变，即原铝产量的下降速度超过粗钢，导致铝钢比曲线出现拐点，调头向下。因此，美国的铝钢比曲线是一条以1991年为峰值（5.17%）的“山峰形”曲线。

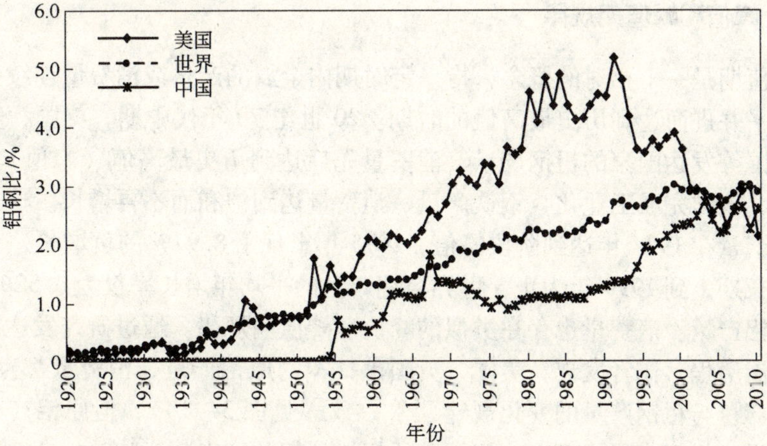

图3－13 美国、中国和世界的铝钢比曲线图

从世界铝钢比变化曲线图（其中1940～1946年为估算数据）可见，1920～

2010年间，世界铝钢比曲线呈现稳步攀升态势，从0.18%持续增长到3.00%。其中，铝钢比首次达到1%、1.5%、2%、2.5%、3%的年份分别为1953年、1966年、1977年、1991年、2008年。铝钢比的逐年增大，说明世界范围内的经济增长和工业化进程，为铝工业的发展提供了广阔的舞台，原铝产量增速高于粗钢产量增速。同时也说明，铝工业在现代工业化进程中发挥着越来越重要的作用。

从中国铝钢比曲线可见，1962年中国铝钢比首次跃上1%的台阶，1967年曾达到阶段高点1.84%；此后曲线呈下降态势，直到80年代初期才开始上升，从1995年开始快速增长；到1997年首次达到2%，最高值为2003年的2.71%。该值接近当时世界平均水平（2.89%），说明中国铝工业已取得较大的发展。但与美国铝钢比的最高值5.17%（1991年）相比还有很大差距，说明中国铝工业发展还有很大的空间。中国铝钢比曲线的总趋势为上升状态。

王祝堂（2009）研究了2000~2007年世界及主要国家原铝表观消费量与钢材表观消费量的关系，5个工业化国家铝钢消费量之比平均值为3.3%，工业发达国家均大于此值，并得出了“一个国家的工业化程度越高，铝钢比越大”的结论。进入21世纪后，由于中国工业化进程的加快，该比值逐渐提高，现在约为2.7%。

通过上述研究，可得出结论：铝钢比的高低反映了一个国家工业化程度的高低。工业化国家的铝钢比曲线先扬后抑，并在完成工业化附近出现峰值；未完成工业化的国家，铝钢比曲线呈持续上升趋势。

3.3.2 峰值和峰值期规律

峰值期是一个相对的概念，指一定时期内金属的产量或消费量连续处于相对较高水平并进而达到历史最高值的时期。20世纪70年代中期，英国、美国、日本、德国等发达国家的粗钢产量、消费量先后达到历史最高值（峰值）。在峰值期附近，该国完成工业化，钢铁产量、消费量达到饱和而不再增长。这导致了世界粗钢产量在1974年达到阶段峰值，1975年出现了8.97%的负增长，从此进入缓慢增长期，到1999年为止，世界粗钢产量的平均年增长率仅为0.52%。

原铝产量、消费量也存在类似的峰值和峰值期规律。通过研究发达国家的铝工业发展历程，作者发现，美国、英国、日本的原铝产量、消费量都存在峰值，且原铝产量与粗钢产量的变化规律几乎一致（见图3-14），但原铝产量的峰值期要滞后于粗钢产量峰值期。钢铁、原铝峰值期的到来，意味着社会对钢铁和原铝的需求进入饱和期，社会结构发生了变化，曾经居于重要主导地位的重工业已经退居到次要地位，社会经济贡献的重要比例来源于服务业和新兴产业。目前，世界和中国原铝产量和消费量都未达到峰值。

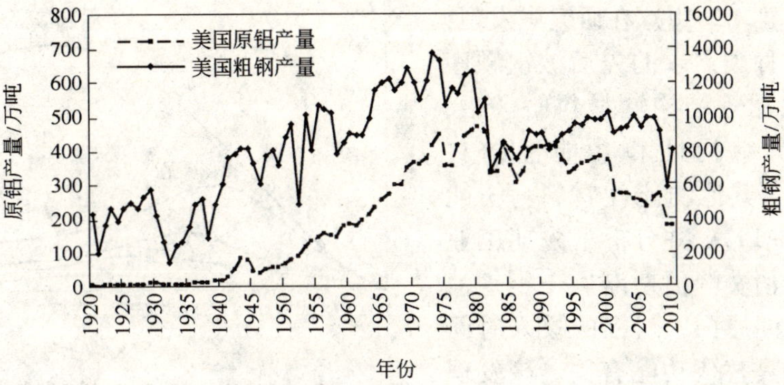

a

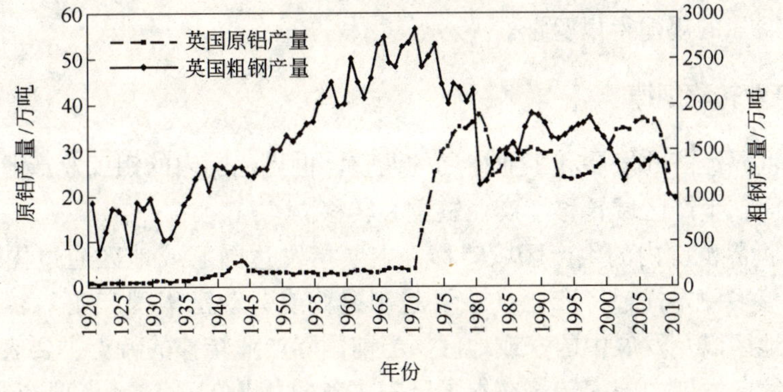

b

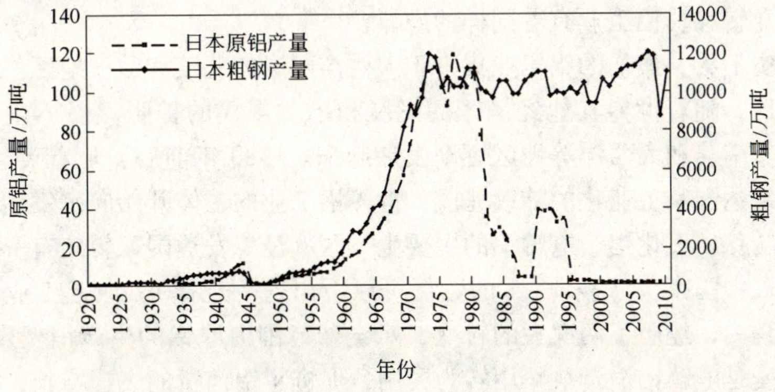

c

图 3 - 14 美国、英国、日本原铝产量与粗钢产量的关系图

从以上分析可以推测，中国原铝产量、消费量也必然存在一个峰值期，且该峰值期滞后于粗钢的峰值期。推而广之，世界原铝的产量、消费量也应遵循此规律。

王安建（2010）在研究中发现：矿产资源种类需求的先后波次顺序为钢、水泥等结构性材料——→铝、铜等兼具结构性和功能性的材料——→镍等其他功能性材料——→能源（图3－15），并分析了先期工业化国家铝消费峰值期滞后于钢铁消费峰值期的原因，与铝的投入时间较晚、兼具替代功能有关。该发现使本书得出的“原铝峰值期滞后于钢铁峰值期”的规律得以验证。

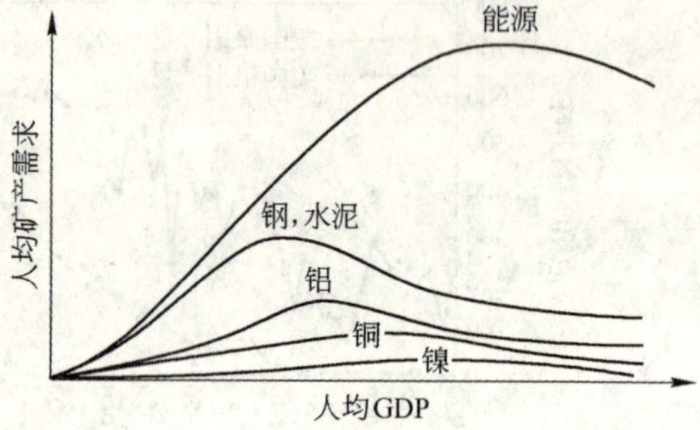

图3－15　不同矿产资源需求的波次递进模式

3.3.3　产业转移规律

随着世界经济的发展和工业格局的调整，世界范围内的铝工业产业转移表现在两个方面：生产区域转移、产业链重心转移。

（1）世界范围内的生产区域转移：主要指发达国家或地区通过国际贸易和国际投资等多种方式，将产业（主要是制造业或劳动密集型产业）转移到次发达国家或地区以及发展中国家或地区。当前国际产业转移的特点主要表现在发达国家在继续向发展中国家转移在本国已失去竞争优势的劳动密集型产业的同时，开始向发展中国家转移资本密集型和资本技术双密集型产业。世界钢铁工业有过明显的产业转移，铝工业有着同样的规律。

从历史上看，最初的铝工业集中于大西洋两岸的北美和欧洲地区。第二次世界大战之后，随着世界其他经济区的发展和工业规模的扩张，铝工业开始在非洲、亚洲、南美和大西洋等地区逐渐发展起来。1980 年前后，随着英、法、美、日、德等发达国家工业化的陆续完成，世界铝工业的主体开始向次发达地区或发展中国家转移。氧化铝、电解铝的主要生产区从经济发达国家转向有资源优势的国家和发展中国家（从表 3－5 的数据可以看出这一规律）。原铝工业 100 多年的发展历程中，经历了两次大的转变，对全球范围内原铝的生产消费影响巨大。第一次转变是电解铝消费从军用转为民用，促进了铝消费的飞速增长；第二次转变是电解铝的生产由消费地向资源丰富、电价低廉的地区转移。在过去的 30 年中，这种趋势非常明显。

中国铝工业区域转移规律也逐步显现。总体上来看，中国以中北部为重心的铝工业格局，逐渐向中东部、西南、西北部转移。中东部老工业区（山东等地）由于煤电铝一体化产业链条完善，整体竞争优势依然明显；广西等西南地区有丰富的铝土矿资源和水电优势，氧化铝生产逐渐向西南转移；内蒙古、新疆、甘青宁等西北区域有能源优势，成为发展电解铝的新基地。而原来的电解铝第一大省河南，由于电费上涨、环境制约等因素逐渐失去了竞争优势。中东、西南、西北正在形成中国铝工业“三足鼎立”的新格局。

国际和国内大型铝业公司纷纷实施兼并和扩张政策，以提高集中度、延长产业链、降低成本；国内企业近年来通过兼并、合营等途径，实现“煤电铝”一体化的趋势比较明显。

（2）产业链重心转移：主要指现代铝工业的产业重心，由原来的原生铝工业逐渐转移到再生铝工业，这从发达工业国家的发展规律可以看到。

3.3.4 “S型”消费规律

美国著名发展经济学家H·钱纳里（H. Chenery）在《工业化和经济增长的比较研究》中，提出了在工业化阶段金属矿产资源消费量和GDP增长的关系模型，他指出，一个国家在工业化发展阶段，金属矿产资源的消费速度将随GDP的增长而大大增加，并用计量经济学方法进行了计算。

世界主要发达国家的发展史表明，工业化是建立在对土地、能源和矿产资源大量消费的基础之上的，其金属矿产消费量与GDP产出之间呈“S型”曲线变化，如图3－16所示。其基本含义是：当工业化经济起飞时，主要金属的人均消费量随人均GDP快速增长而同步增长；到达一定时期，随着人均收入的增长，金属的人均消费量增长速度趋缓并在某一值时达到最大值，之后不再增长或缓慢下降，其后金属消费总量主要表现为随人口增长而缓慢增长。尤其是采取追赶战略的国家，在其快速工业化阶段，这种人均资源消费量随人均GDP增长的关系更加显著。徐向春（2007）、袁莉（2007）等对钢铁峰值的研究，证实了上述规律。

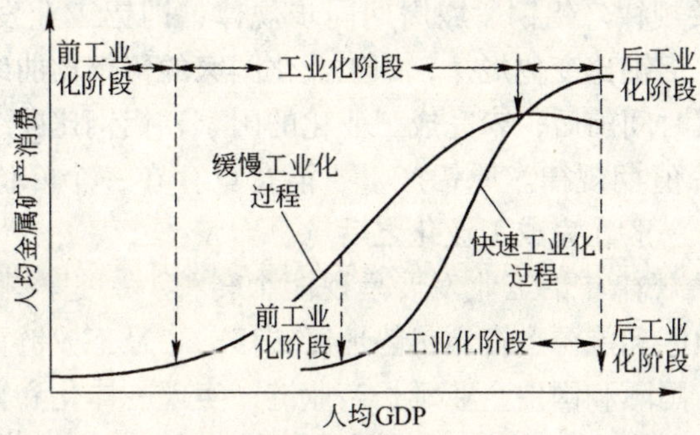

图3－16 人均金属矿产消费量的“S型”变化模式

根据本章对中国铝工业和钢铁工业的对比研究，作者认为：原铝作为基础金属材料，其产量变化趋势、发展周期趋势同钢铁几乎完全一样，因此原铝消费也应具有“S型”消费规律。

3.4 本章小结

本章通过对中国铝工业和世界铝工业发展状况的比较研究，总结归纳了中国铝工业发展的4个特点和世界铝工业发展的4个规律。

3.4.1 中国铝工业发展的特点

中国铝工业的发展有如下4个特点：

（1）中国铝土矿资源匮乏且品味不高，开采成本较高、后期加工困难、能耗高，这是制约中国铝工业可持续发展的瓶颈之一。

（2）中国铝工业对世界市场的依赖程度大，从产业链的各环节来看，产成品占世界总量的比例逐级递增，中国是世界最大的铝土矿和氧化铝进口国，高端铝产品也需要进口。同时，中国人均原铝消费量、再生铝产量比例较低。

（3）中国铝工业发展能力强劲，是世界铝工业格局中的重要力量。2010年中国原铝产量、消费量约占世界总量的40%，中国是名副其实的铝工业大国。2000~2010年中国原铝产量、消费量的增量对世界增量的贡献度为82%~86%，是带动世界铝工业发展的重要因素。

（4）中国离铝工业强国还有差距。主要表现在：铝土矿资源匮乏且品位低、铝工业生产加工环节能耗高、技术和装备与世界相比还有差距、高端产品比例过低且需要进口、人均原铝消费不高、再生铝产量比例过低、产业集中度低等。

3.4.2 世界铝工业发展的规律

世界铝工业发展的规律如下：

（1）铝钢相关规律。铝钢发展周期同步规律，即铝工业发展周期同步于钢铁工业发展周期；铝钢比变化规律，即工业化国家的铝钢比曲线先扬后抑，峰值出现在工业化完成时间前后；未完成工业化的国家，铝钢比曲线呈增长趋势。

（2）峰值和峰值期规律。原铝产量、消费量存在一个峰值，其峰值期滞后于钢铁的峰值期，一般在完成工业化之后。

（3）产业转移规律。铝工业发展呈现两个转移：一是产业区域转移，由发达地区向欠发达地区和能源、资源优势地区转移；二是工业链重心转移，由原生铝向再生铝转移。国际和国内企业延长产业链，实现一体化和集团化趋势明显。

（4）“S型”消费规律。原铝消费量将随着人均GDP的增长呈现“S型”变化规律，即人均GDP增长到一定数值时，原铝消费量不再随之增加，而呈下降趋势。

中国铝工业的发展亦遵循上述规律。

4 中国原铝产量、消费量的相关因素分析

4.1 参照系的选择

从已完成工业化国家的情况来看，由于各国国情和产业结构、工业化进程都不尽相同，作为工业基础原材料的粗钢和原铝的消费规律也有较大差距。因此，研究中国铝工业发展规律时，首要条件是选择合理的、可用于做比较和分析的参照物。在选择参照国时，一般要考虑以下几个方面：

（1）经济总量是否相同或相近。从经济总量角度分析，一个国家的国情可分为大国经济和小国经济。大国经济一般具备地域广阔、资源丰富、人口众多、国内市场容量大、经济规模大等特征。由于国内市场规模大，为具有规模效应的现代化大工业提供了充足的成长空间，因而大国一般具备相对齐全的现代工业部门体系。对于小国，虽然也经历了从农业经济国到工业经济国进而到服务业经济国的转变，但许多小国并不需要、也不可能建立完善的现代工业体系，因而这种转变并不典型。

衡量一个国家是否为大国经济，可选择人口数量、国土面积和国内生产总值3个指标。2010年主要大国经济情况对比如表4－1所示。从表中数据可见，美国、俄罗斯、日本、巴西、印度和中国的经济规模都属于大国经济。

表4－1 主要经济大国人口、国内生产总值和国土面积的比较

序号	人口（大于1亿）	国内生产总值（大于1万亿美元）	国土面积（前10位）
1	中国	美国	俄罗斯
2	印度	中国	加拿大
3	美国	日本	中国
4	印度尼西亚	德国	美国
5	巴西	法国	巴西
6	巴基斯坦	英国	澳大利亚
7	孟加拉国	意大利	印度
8	尼日利亚	巴西	阿根廷
9	俄罗斯	印度	哈萨克斯坦
10	日本	西班牙	苏丹
11	墨西哥	加拿大	
12		俄罗斯	
13		墨西哥	

按照人口和土地的关系，世界上主要工业化国家分类矩阵如图 4 – 1 所示。

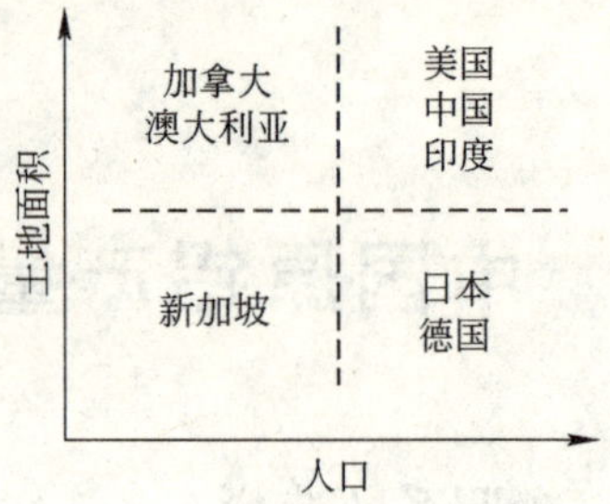

图 4 – 1 世界主要工业化国家分类矩阵（按照土地面积和人口）

（2）经济结构是否相同或相近。对不同国家的经济状况进行比较时，只有同类相比才有意义，大国经济和小国经济在某些方面并不具有可比性。英国、法国、德国等国家经济规模较大，但国内市场有限，其外贸依存度较高。中国的外贸依存度（以对外贸易额占 GDP 的比例计）为 66.77%，略低于日本的 68.92%（2000 年）和美国的 68.06%（2000 年），大大低于德国 160.54%、法国 148.95%、英国 126.61%、韩国 152.94% 的水平。

根据上述分析，在已完成工业化的国家中，美国、日本经济国情和外贸依存度与中国有较大相似性，而发展中国家的印度与中国相似度较高。本书研究铝工业发展规律时，选择美国作为主要比较对象。

4.2 原铝消费的主要相关因素分析

4.2.1 原铝消费与经济发展的关系

一个国家实现工业化的过程中，钢铁、煤炭、石油等是工业化发展不可缺少的基础原材料，因此，这些材料的产量和消费量与经济发展存在一定的内在联系。先行工业化国家发展的经验表明，作为基础原材料的钢铁的产量、消费量和经济发展存在正相关关系。

4.2.1.1 钢铁消费与经济发展的关系

国际钢铁协会（IISI）在 1974 年发表文章《钢消费强度和国民经济总值结构》，指出了一个国家的钢材消费量与国民经济发展状况、工业化进程密切相关，并把一个国家的经济发展划分成如下 4 个阶段：

（1）当人均 GDP 达到 400 美元时（按 1963 年美元价值计算，下同），国家处在经济起飞阶段，钢材消费强度迅速增加。

（2）当人均 GDP 达到 400 ~ 2000 美元之间，国家进入加速工业化阶段，钢材消费强度增加速度高于国民经济总值的增长速度。

（3）当人均 GDP 达到 1200 ~ 2000 美元之间，国家经济增长转入稳定阶段，在这个阶段钢材消费强度几乎保持不变，而 GDP 以稳定的速度增加。

（4）当人均 GDP 高于 2000 美元时，GDP 继续增长，而钢材消费强度下降。

这里需要指出的是：在40多年后的今天，由于世界范围内新技术产业及第三产业迅速发展，传统工业和新兴工业同时进行，许多国家的工业发展模式和经济结构也发生了变化，因此以人均GDP作为划分4个阶段的标准已不再符合实际情况，但文章指出的基本原则和规律依然存在。

由此可见，钢铁的产量和消费量并不是线性增长的，而是存在一个峰值和峰值期。这一结论在先行工业化国家的发展中已经得到了验证。表4-2列出了主要工业化国家钢产量和消费量的峰值和峰值期。

表4-2 主要工业化国家钢产量和消费量的峰值和峰值期

国家	时间	峰值钢产量/万吨	人均钢产量/kg·人$^{-1}$·年$^{-1}$	人均钢消费量/kg·人$^{-1}$·年$^{-1}$	钢消费强度/kg·美元$^{-1}$
英国	1970年	2831.6	522.8	459	0.2
美国	1973年	13680.4	645.58	650	0.114
日本	1973年	11932.2	1104.03	802	0.211
德国	1974年	5323.1	676.6	887	0.118
法国	1974年	2702.3	515.12	517	0.094
前苏联	1988年	16304	—	577	—
平均	—	—	692.83	648.67	0.1474

4.2.1.2 原铝消费与经济发展的关系

作为基础工业原材料，原铝的产量和消费量与钢铁有着相同的规律，表现在：（1）产量、消费量与经济发展密切相关；（2）产量、消费量存在一个峰值和峰值期。

美国铝工业发展的经验表明，一个国家在经济发展良好时，铝消费增加。如1981~1988年间，美国GDP平均增长速度达3.4%，相应铝消费量也不断增加。1993~2000年，美国经济快速发展，GDP平均增长速度达3.7%，相应铝消费量也快速攀升。而在国家经济发展停滞期或发展减缓期，铝消费量则明显减少，如1989~1991年，美国经济发展缓慢，相应铝消费量也相对减少。其他工业国家也有相同规律。

2008年，世界性金融危机爆发，大部分国家及世界经济出现严重滑坡，相应地原铝产量、消费量出现下挫，2009年世界原铝的产量、消费量分别下挫7.3%和8.1%；而中国2008年原铝消费量增速明显放缓，仅为0.5%，2009年原铝产量下降2.2%。

中国学者的研究结果表明，中国原铝消费量与GDP的线性相关系数为0.933，原铝产量与GDP的线性相关系数为0.98。

4.2.2 原铝消费与资源、能源、环境的关系

铝工业是一个完整的产业链，主要包括5个环节：铝矿开采、氧化铝生产、

电解铝冶炼、铝加工和铝回收再生。这些生产过程都与资源和环境有密切的关系。

从资源来说，世界铝土矿资源虽然有很高的保证度，但相对集中，几内亚、澳大利亚、牙买加、巴西和印度5国的储量占世界储量的71%以上。中国只占世界储量的2.8%。数据表明：每生产1t原铝，需要消耗4~5t铝土矿。此外，氧化铝生产过程中要消耗氯碱等原料，原铝生产过程中要消耗氟化盐、碳阳极等原料，氧化铝、电解铝、铝材生产加工过程中都要消耗大量水资源，每生产1t铝材约需消耗30t水资源。

从能源来说，铝工业属于耗能大户。中国每1t原铝的综合电耗约为15000kW·h；每1t氧化铝、电解铝、铝材的综合能耗约为600kg标煤、1800kg标煤、400kg标煤。目前，西方国家铝电解企业的电力成本约占总成本的23%，中国企业为32%~40%。国际上曾因能源紧张而关闭电解铝厂，如20世纪70年代，因为能源危机，日本停止了几乎所有的电解铝生产。因此，电力工业的发展可能会成为铝工业发展的制约因素。

从环境来说，铝工业带来的环境问题主要有：（1）采矿所引起的环境问题，不管是露天采矿还是地下采矿，都会带来破坏植被、山体滑坡、水土流失、尘土飞扬以及尾矿处理等环境问题。（2）铝在生产加工过程中，排放的废水、废气、废渣、废液等环境污染问题。其中，废气排放主要是二氧化硫和二氧化碳。

电解铝生产过程中所产生的废气种类和排放量较大，且大多数废气对环境有较大危害。HF所产生的温室效应远高于CO、CO_2数千倍。电解铝过程主要污染物排放量如表4－3所示。

表4－3　电解铝过程主要污染物排放量　（kgt^{-1}（Al））

三废物质量 \ 电解槽类型	大型预焙槽 160~350kA	中型预焙槽 70~150kA	中型上插自焙槽 80~150kA	小型侧插自焙槽 30~80kA
废渣	26~30	28~32	32~35	38~50
废水	0.14	0.23	0.80	1.25
废气	1350~1450	1400~1510	1550~1650	1600~1800
其中CO_2	1235~1280	1280~1350	1300~1350	1320~1410
CO	65~70	95~100	145~150	180~190
气氟（HF、CF_4和C_2F_6）	18~20	18~20	20~25	25~35
沥青烟	2~3	3~5	60~80	70~100
SO_2	0.28~0.40	0.30~0.50	0.80~1.20	1.10~1.50
粉尘（Al_2O_3和固氟）	20~40	20~40	40~60	60~80

4.3 原铝产量与粗钢产量的相关性分析

4.3.1 世界钢铁工业的发展特点

世界钢铁工业从20世纪初期到现在110多年的发展历史中，可分为4个阶段来考察和研究。世界钢产量变化和主要国家钢产量的比较见图4－2和图4－3。

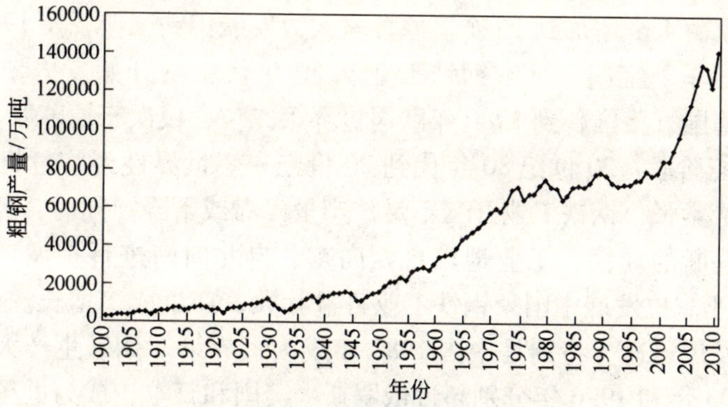

图4－2 世界钢产量变化图（1900～2010年）

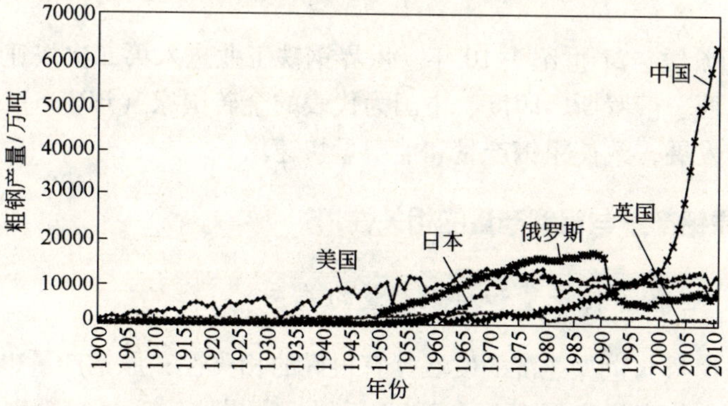

图4－3 主要国家钢产量的比较图（1900～2010年）

（1）第一阶段：20世纪初到40年代末。世界钢铁工业发展缓慢，产量有限，生产国不多，且分布十分集中。那时世界三大钢铁生产地区是：西欧、北美和苏联，其产量占全世界总产量的80%～90%。主要因素是：西欧是资本主义工业化的发源地，开发较早；美国起步迟，但发展迅速；苏联十月革命后，由于经济发展和国防需求，大大加快了钢铁工业的发展。各国丰富的煤铁资源、有利的经济技术和方便的运输条件都给其钢铁工业发展提供了物质基础。

（2）第二阶段：20世纪50年代到70年代末。世界钢铁工业迅猛发展，产量倍增；同时，钢铁工业地域结构也随之发生变化，地域自西向东转移。从世界钢铁的产量来看，1950年只有1.92亿吨，在1959年、1964年、1968年、1972年、1974年分别超过3亿吨、4亿吨、5亿吨、6亿吨、7亿吨。30年间，世界粗钢产量从1.92亿吨到7.16亿吨，平均年增速达9.1%。同时，年产量1000万吨以上的国家由4个增加到16个。原苏联大力发展钢铁工业，于1971年超过美国，登上“冠军”宝座。日本钢铁工业从50年代中期开始发力，先后超过法国、英国、德国、美国，到1980年跃居世界第二位，仅次于原苏联。

（3）第三阶段：20世纪80年代到20世纪末。世界性经济危机造成市场萎缩，能源供给紧张，钢铁工业开工不足，产量停滞或下降；同时，打破了过去少数国家高度垄断的局面，工业地域自西向东、自北向南进行扩展。例如，进入80年代后，亚非拉发展中国家钢铁工业日益壮大，产量成倍增长。亚洲的中国、印度、朝鲜发展迅速，特别是中国1982年成为世界第四钢铁生产大国，后来于1992年、1993年和1996年分别超过俄罗斯、美国和日本，成为世界产量第一大国。从产量来看，1980～2000年间，世界钢铁工业发展缓慢，产量从7.16亿吨到8.49亿吨，平均年增速只有0.9%，是50年代到70年代期间增长速度的1/10。

（4）第四阶段：21世纪头10年。世界钢铁工业进入第二次快速成长期，主要原因是以巴西、俄罗斯、印度、中国为代表的金砖国家（BRICS）在工业化进程中获得快速发展，致使粗钢产量和消费量快速增长。

4.3.2 世界原铝产量与粗钢产量的相关性

4.3.2.1 世界原铝产量和粗钢产量的关系

世界钢铁产量与世界经济的发展具有很好的相关性，原铝产量也是随着经济发展而发展的。作者研究了1920～2010年间，世界原铝产量与粗钢产量的关系（见图4-4），结果表明，原铝产量和粗钢产量具有相似的增长规律，曲线走向几乎一致。

从图4-4看，世界钢铁工业发展的第一个拐点出现在1929年，这时世界发生大范围的经济危机，导致1930～1935年粗钢产量明显低于周围年份，1929年为12080万吨，1930～1935年的粗钢产量分别为：9510万吨、6960万吨、5070万吨、6800万吨、8240万吨、9950万吨，直到1936年才恢复到12430万吨，并

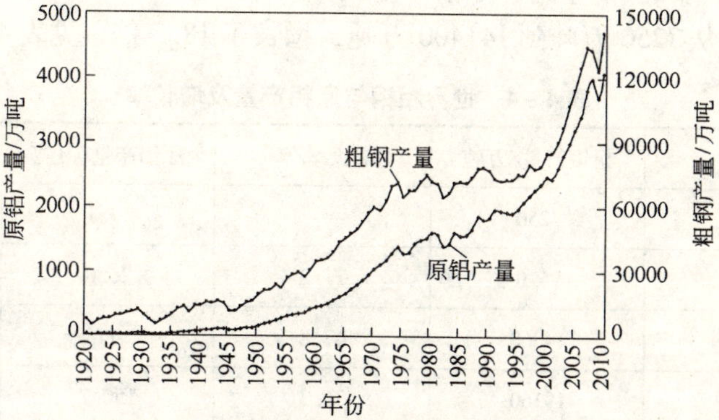

图 4-4 世界原铝产量与粗钢产量的关系图（1920~2010 年）

超过 1929 年的水平。到 1946 年，世界粗钢产量出现第二个拐点，这是受第二次世界大战的严重影响，世界粗钢产量下降到 11160 万吨。

战后恢复时期，世界钢铁工业进入正常发展状态，且增长速率明显加大，于 1974 年到达第一个阶段高点 70900 万吨，此后产量下降。1974 年是钢铁产量、消费量的分水岭，当时石油危机的爆发，促使已处于传统工业化增长顶点的工业化国家加快进行结构调整，逐步从工业经济向知识经济过渡，相继完成工业化。高新技术产业及第三产业产值占国民生产总值的比例迅速增高，钢铁消费量出现明显下降，导致世界粗钢产量、消费量出现下降。此后的第二个、第三个阶段高点分别出现在 1979 年和 1989 年。此后的粗钢产量虽多有波折，但总体趋势是上升的。进入新世纪后，粗钢产量快速增加，2008~2009 年，由于金融危机的影响，世界粗钢产量出现短暂下滑，此后继续上升。2010 年世界粗钢产量达到历史最高点 141400 万吨。

世界原铝产量随年度的变化表现出了与粗钢产量几乎一样的规律。1974 年出现了第一个高点，此后 1975~1977 年产量下降，这段时间的变化与粗钢产量的变化是吻合的。此后，原铝产量的第二个、第三个高点分别出现在 1980 年和 1991 年，这两个时间点分别比粗钢产量出现高点的时间晚 1 年和 2 年，说明铝工业的恢复速率要比粗钢慢一些（这符合原铝峰值期滞后钢铁峰值的规律），但其增长幅度较大。原铝产量的快速增长，同粗钢一样，也是从 21 世纪开始的。由于 2008 年金融危机的影响，世界原铝产量于 2009 年出现下滑（滞后钢铁 1 年）。2010 年世界原铝产量达到当时的历史最高点 4079.5 万吨。

由以上分析可见，世界原铝产量与粗钢产量几乎遵循同样的发展规律，周期和频率几乎完全一致，原铝稍滞后于钢铁，但原铝的增长速率高于钢铁。从

1920年到2010年的90年间，原铝产量从13.1万吨到3977万吨，增长了302.6倍；粗钢产量从7250万吨到141400万吨，增长了18.5倍，见表4-4。

表4-4 世界粗钢与原铝产量及增长率

年份	粗钢产量/万吨	增长率/%	原铝产量/万吨	增长率/%
1920年	7250		13.1	
1930年	9510	31.2	26.6	103.1
1940年	14060	47.8	72	170.7
1950年	19160	36.3	150.7	109.3
1960年	34640	80.8	454.8	201.8
1970年	59540	71.9	1025.7	125.5
1980年	71560	20.2	1603.53	56.3
1990年	77000	7.6	1831.47	14.2
2000年	84890	10.2	2469.67	34.8
2010年	141400	66.6	3977	61.03

数据来源：作者根据《中国有色金属工业年鉴》数据整理。

4.3.2.2 世界原铝产量和粗钢产量的相关性研究

我们选用一元线性回归模型，设世界粗钢产量为自变量，记为x，世界原铝产量为因变量，记为y。用SPSS软件进行相关性研究，散点图如图4-5所示，回归模型主要参数表如表4-5所示。

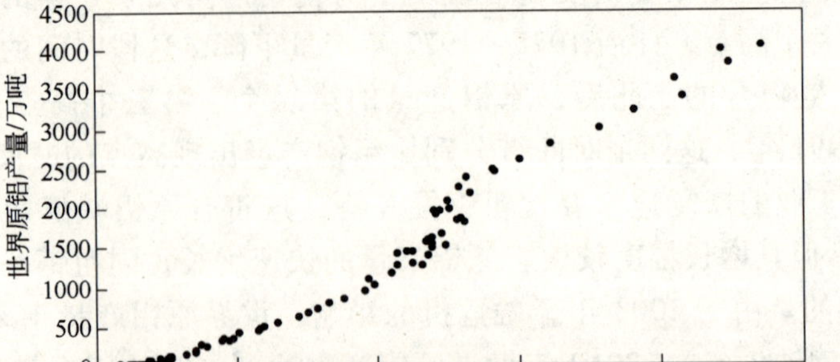

图4-5 世界原铝产量与粗钢产量的散点图（1920~2010年）

表4－5 世界原铝产量和粗钢产量回归模型主要参数表

描述统计表

项 目	平均值	标准偏差	样本容量
世界原铝产量/万吨	1.0512E3	1095.19226	91
世界钢铁产量/万吨	4.8265E4	35717.38358	91

相关矩阵表

		世界原铝产量	世界钢铁产量
相关系数	世界原铝产量	1.000	0.981
	世界钢铁产量	0.981	1.000
显著性	世界原铝产量		0.000
	世界钢铁产量	0.000	
样本容量	世界原铝产量	91	91
	世界钢铁产量	91	91

模型概述表

模型	相关系数 R	样本决定系数 R^2	调整的样本决定系数 R^2	标准估计误差	变化统计				
					R^2 变化	F 值变化	df_1	df_2	F 值变化显著性
1	0.981[a]	0.963	0.963	211.51383	0.963	2323.936	1	89	0.000

a. 世界钢铁产量。

方差分析表

模型		平方和	df	均方	F 值	显著性
1	回归分析	1.040E8	1	1.040E8	2.324E3	0.000[a]
	残差	3981690.753	89	44738.098		
	合计	1.080E8	90			

自变量：世界钢铁产量；因变量：世界原铝产量。

系数表

模型		非标准系数		标准系数	t 值	显著性	B 的95%可信度		关联系数			共线性统计	
		B	标准差	β			下限	上限	零阶	局部	部分	公差	VIF
1	常数	−401.202	37.408		−10.725	0.000	−475.530	−326.873					
	世界钢铁产量	0.030	0.001	0.981	48.207	0.000	0.029	0.031	0.981	0.981	0.981	1.000	1.000

因变量：世界原铝产量。

（1）表4－5中数据解释说明。

1）描述统计表（Descriptive Statistics）。从表中数据得知：世界粗钢产量 x

的平均值为 48265 万吨；世界原铝产量 y 的平均值为 1051.2 万吨；有效样本容量为 91。x 的标准差为：35717.38358；y 的标准差为：1095.19226。

2）相关矩阵表（Correlations）。从表中数据得知：相关系数 $R=0.981$，说明 x 和 y 是十分显著的线性关系。R 是介于 $-1\sim1$ 之间的小数，其绝对值越接近于 1，表明自变量和因变量之间的关系越密切，即相关性越好。

3）模型概述表（Model Summary）。从表中数据得知：样本决定系数 $R^2=0.963$，指回归方程能减少因变量 y 的 96.3% 的方差波动，说明该线性相关模型与样本的拟合优度非常好。样本决定系数，定义为回归平方和与总离差平方和之比，在数值上是相关系数 R 的平方。该值越大，说明线性回归效果越好，即回归直线与样本观测值拟合优度就越好。

4）方差分析表（Analysis of Variance）。表中 $F=2324$，显著性 Sig. 约等于 0.000，说明 y 对 x 的线性回归高度显著，这与相关系数 R 的检验结果是一致的。Sig. 是 Significance（显著性）的缩写，也就是对回归系数进行检验的 P 值，该值越小，说明模型与样本的拟合程度越好。

5）系数表（Coefficients）。从表中数据得知：$\beta_0=-401.202$，$\beta_1=0.030$，得到回归方程为：$y=0.030x-401.202$。回归系数 β_1 检验的 t 值为 48.207，显著性 Sig. 约等于 0.000，这与 F 检验和相关系数 R 检验的结果是一致的。另外，回归系数 β_1 的置信度 95% 的区间估计为（0.29，0.31），常数项 β_0 的置信度 95% 的区间估计为（-475.530，-326.873）。

（2）回归诊断、分析结果。

用 SPSS 计算出残差 e_i，标准残差 ZRE_i，学生化残差 SRE_i，再以因变量 y 为横轴，学生化残差 SRE_i 为纵轴做残差图，见图 4-6。由残差图看到所有的点都在（-3，3）之内，没有异常值，证明样本数据基本正常。世界原铝产量和粗钢量的回归曲线图见图 4-7。

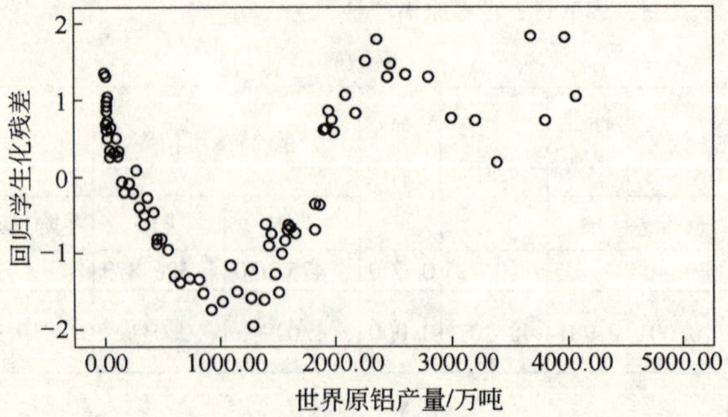

图 4-6 残差分析中的异常值检验

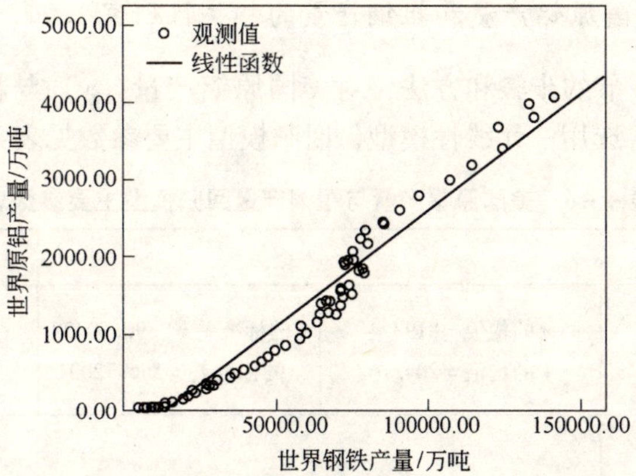

图 4-7 世界原铝产量和粗钢产量的回归曲线图

（3）模型的应用。经过上述所有的检验，证明所选的理论模型基本正确，可以进行实际应用。最常见的应用是：因素分析和数据预测。本书的下一章将对中国原铝的产量、消费量进行预测。

4.3.3 美国原铝产量与粗钢产量的相关性

4.3.3.1 美国原铝产量和粗钢产量的关系

美国是典型的工业化国家，其钢铁发展很有规律性，也很有代表性。美国钢铁工业的快速发展从经济恢复后的 1933 年开始，用了 40 年的时间，到 1973 年钢铁产量达到峰值 13681 万吨，此时美国完成工业化，以后产量逐渐下降。而原铝产量在 1980 年达到 465 万吨的历史峰值，此后才逐渐下降。原铝产量随年度的变化曲线与粗钢产量的变化曲线非常相似，但原铝产量曲线滞后于粗钢产量曲线，见图 4-8。

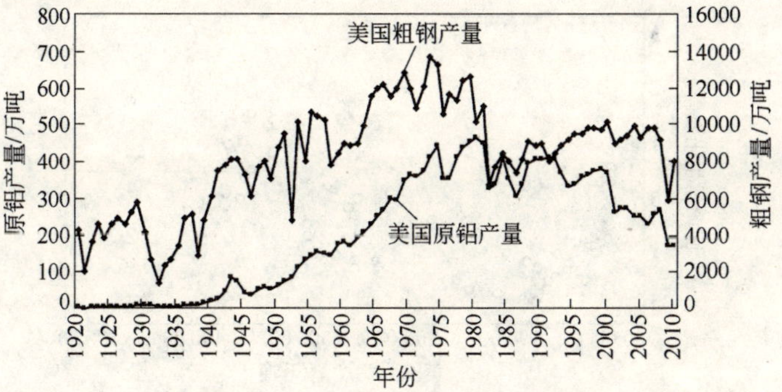

图 4-8 美国原铝产量与粗钢产量的关系图（1920 ~ 2010 年）

4.3.3.2 美国原铝产量和粗钢产量的相关性研究

按照4.3.2.2节的步骤和方法，对美国原铝产量（y）与粗钢产量（x）的相关性进行研究，选用一元线性模型，回归模型主要参数见表4-6。

表4-6 美国原铝产量与粗钢产量回归模型主要参数表

数据来源	数据		结果说明
描述统计表 Descriptive Statistics	x的均值=8198.4 y的均值=204.16	x的标准差=2890.50422 y的标准差=156.72031	
相关矩阵表 Correlations	相关系数R=0.768		
模型概述表 Model Summary	样本决定系数R^2=0.590 y回归标准差=100.92378		
方差分析表 ANOVA	检验值F=126.612 显著性Sig. =0.00		与R检验结果一致
系数表 Coefficients	回归方程为： $y=0.042x-137.259$ β_1检验的t=11.252		与F检验和 R检验结果一致

通过残差分析，得知学生化残差SRE范围在（-3，3）之内，证明该回归模型正确，可以实际应用。图4-9是残差分析中的异常值检验图；图4-10是美国原铝产量与粗钢产量的回归曲线图。

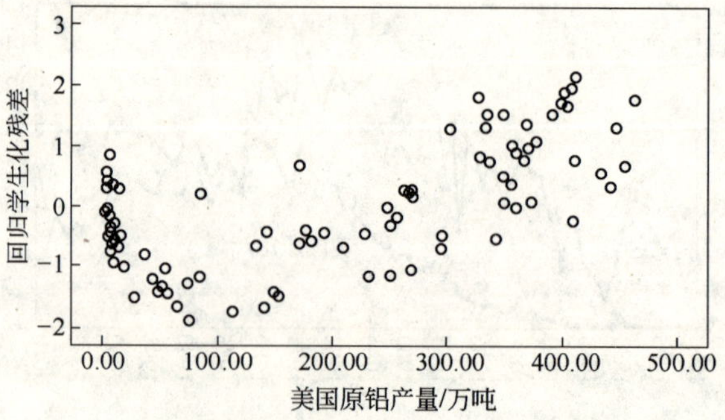

图4-9 美国原铝产量残差分析中的异常值检验图

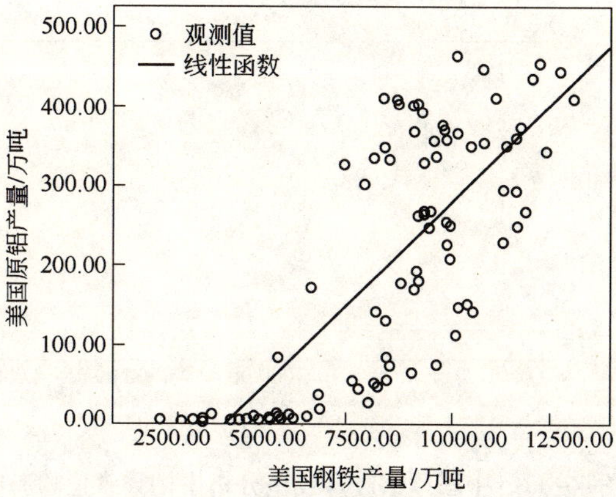

图4－10　美国原铝产量与粗钢产量的回归曲线图

4.3.4　中国原铝产量与粗钢产量的相关性

根据第3章讨论的中国原铝产量与粗钢产量的关系，按照4.3.2.2节的步骤和方法，设中国粗钢产量为自变量 x，中国原铝产量为因变量 y，采用一元线性模型，对两者的相关性进行分析，回归模型主要参数见表4－7。

表4－7　中国原铝产量与粗钢产量相关性回归模型主要参数表

数据来源	数　据		结果说明
描述统计表 Descriptive Statistics	x 的均值＝9880.1 y 的均值＝210.2	x 的标准差＝14913.43503 y 的标准差＝376.80412	
相关矩阵表 Correlations	相关系数 $R=0.995$		
模型概述表 Model Summary	样本决定系数 $R^2=0.989$ y 回归标准差＝39.35995		
方差分析表 ANOVA	检验值 $F=5168$ 显著性 Sig. ＝0.00		与 R 检验结果一致
系数表 Coefficients	回归方程为：$y=0.250x-38.09$ β_1 检验的 $t=71.888$		与 F 检验和 R 检验结果一致

通过残差分析，得知学生化残差SRE范围在（－3，3）之内，证明该回归模型正确，可以实际应用。图4－11是中国原铝产量残差分析中的异常值检验图；图4－12是中国原铝产量与粗钢产量的回归曲线图。

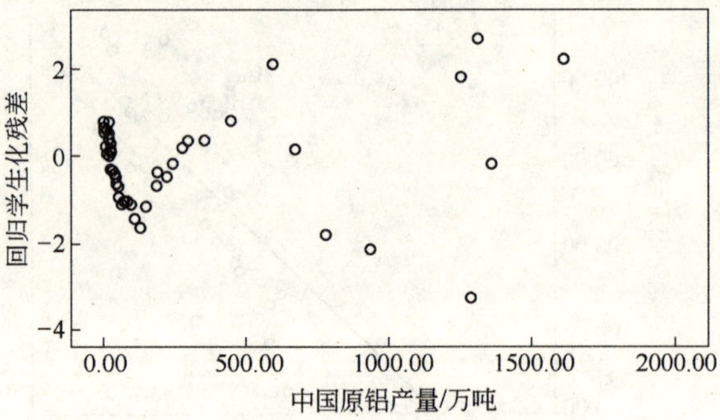

图 4-11 中国原铝产量残差分析中的异常值检验图

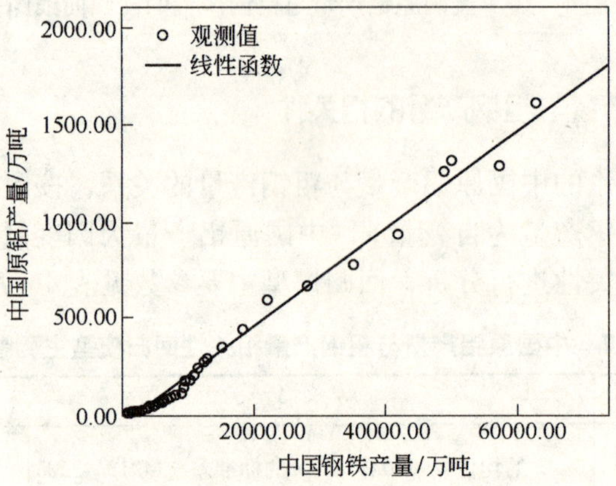

图 4-12 中国原铝产量与粗钢产量的回归曲线图

4.3.5 分析与讨论

用一元线性回归模型，对世界原铝产量与粗钢产量、中国原铝产量与粗钢产量的相关性进行研究，结果显示：两组数据均存在非常好的线性相关关系，相关系数分别为 0.981 和 0.995；美国原铝产量与粗钢产量具有较好的线性相关关系，相关系数为 0.768，低于上述相关系数。

作者对上述 3 组数据的相关性存在的差异进行了分析，认为：美国原铝产量与粗钢产量的样本数据时间跨度较长，为 1920 ~ 2010 年之间的 91 年。美国工业化进程以 20 世纪 70 年代中期为分水岭，划分为工业化阶段和后工业化阶段两个时期。具体表现是：粗钢产量和原铝产量分别于 1973 年和 1980 年出现了峰值和拐点，且峰值期不一致。峰值过后，粗钢产量与原铝产量呈现出不同的下降形态，因而，导致两者之间的相关系数较低，为 0.768。

世界原铝产量与粗钢产量的样本数据跨度虽然也很长，同样是 1920～2010 年，但就世界总体发展水平而言，仍处于工业化发展阶段，故对原铝和粗钢的需求量持续增长，均未到达峰值，总体呈现单调上升状态。中国原铝产量和粗钢产量的样本数据跨度为 1953～2010 年的近 60 年，是新中国成立后的现代化建设时期，且目前处于工业化的中期阶段，因此，原铝产量和粗钢产量均未到达峰值，同样呈现单调上升状态。就以上两种情况而言，原铝产量和粗钢产量均处于持续攀高阶段，属于单调增长期（偶有波动，但不影响其整体走势）。因此，其原铝产量和粗钢产量的曲线走势几乎同步，两组数据均呈现出高度正相关关系，相关系数分别为 0.981 和 0.995。

三组样本数据的线性回归方程如下：

世界原铝产量与粗钢产量：$y=0.030x-401.202$

美国原铝产量与粗钢产量：$y=0.042x-137.259$

中国原铝产量与粗钢产量：$y=0.250x-38.09$

4.4 原铝产量与消费量的相关性分析

4.4.1 世界原铝产量与消费量的相关性

作者研究了 1980～2010 年世界原铝产量与消费量之间的关系，见图 4－13。从数据看，两者数据都非常接近，随年份的变化趋势几乎完全一致，显示出很好的相关性。按照 4.3.2.2 节的步骤和方法，对世界原铝产量（x）和原铝消费量（y）的相关性进行研究，选用一元线性回归模型，回归模型主要参数见表 4－8。

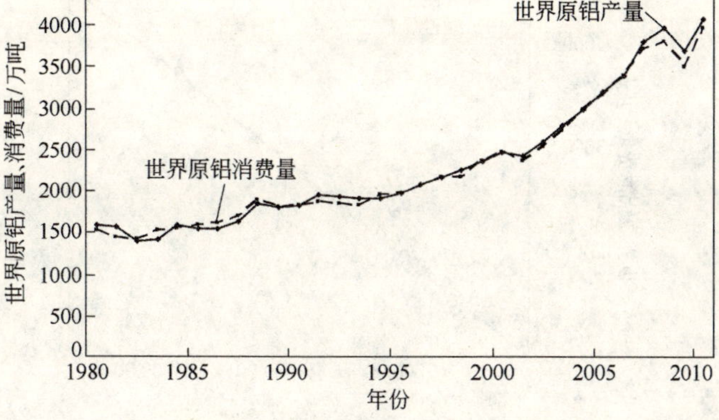

图 4－13 世界原铝产量与消费量的关系图（1980～2010 年）

表 4-8 世界原铝产量、消费量相关性回归模型主要参数表

数据来源	数据		结果说明
描述统计表 Descriptive Statistics	x 的均值 = 2320.7 y 的均值 = 2288.8	x 的标准差 = 3798.29506 y 的标准差 = 766.02705	
相关矩阵表 Correlations	相关系数 $R = 0.997$		
模型概述表 Model Summary	样本决定系数 $R^2 = 0.994$ y 回归标准差 = 59.86642		
方差分析表 ANOVA	检验值 $F = 4883$ 显著性 Sig. = 0.00		与 R 检验结果一致
系数表 Coefficients	回归方程为： $y = 0.957x + 68.414$ β_1 检验的 $t = 69.877$		与 F 检验和 R 检验结果一致

通过残差分析，得知学生化残差 SRE 范围在（-3，3）之内，证明该回归模型正确，可以实际应用。图 4-14 是世界原铝消费量残差分析中的异常值检验图；图 4-15 是世界原铝产量与消费量的回归曲线图。

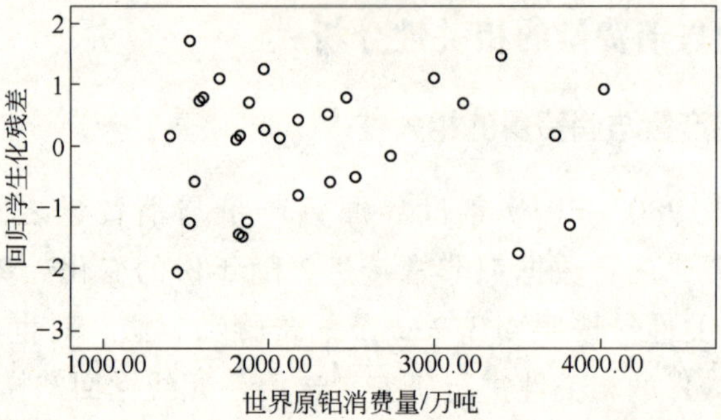

图 4-14 世界原铝消费量残差分析中的异常值检验图

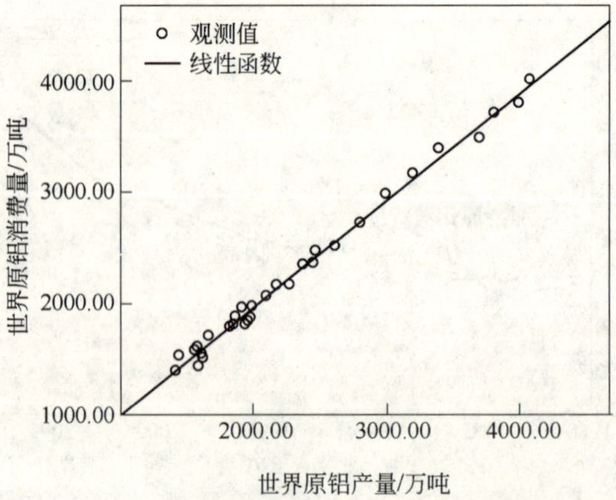

图 4-15 世界原铝产量与消费量的回归曲线图

4.4.2 中国原铝产量与消费量的相关性

作者研究了1980～2010年中国原铝产量与消费量之间的关系，从数据看非常接近，且随年份的变化趋势几乎完全一致，见图4－16。

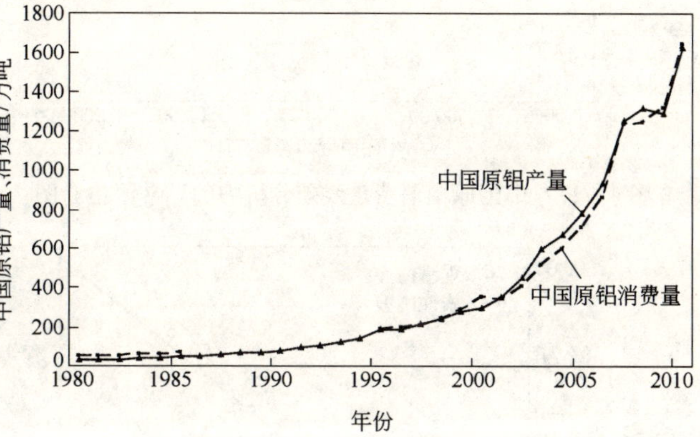

图4－16 中国原铝产量与消费量的关系图（1980～2010年）
（中国原铝消费量1986～1994年数据缺失）

按照4.3.2.2节的步骤和方法，对中国原铝产量（x）和原铝消费量（y）的相关性进行研究，选用一元线性回归模型，回归模型主要参数如表4－9所示。

通过残差分析，得知学生化残差SRE_i范围都在（－3，3）之内，没有异常值，证明所选的理论模型基本正确，可以进行实际应用。图4－17是中国原铝消费量残差分析中的异常值检验图；图4－18是中国原铝产量与消费量的回归曲线图。

表4－9 中国原铝产量、消费量相关性回归模型主要参数表

数据来源	数据		结果说明
描述统计表 Descriptive Statistics	x的均值＝425.43 y的均值＝422.13	x的标准差＝484.11917 y的标准差＝468.55525	
相关矩阵表 Correlations	相关系数R＝0.998		
模型概述表 Model Summary	样本决定系数R^2＝0.995 y回归标准差＝32.680		
方差分析表 ANOVA	检验值F＝4377 显著性Sig.＝0.00		与R检验结果一致
系数表 Coefficients	回归方程为：$y=0.955x+9.906$ β_1检验的t＝65.159		与F检验和R检验结果一致

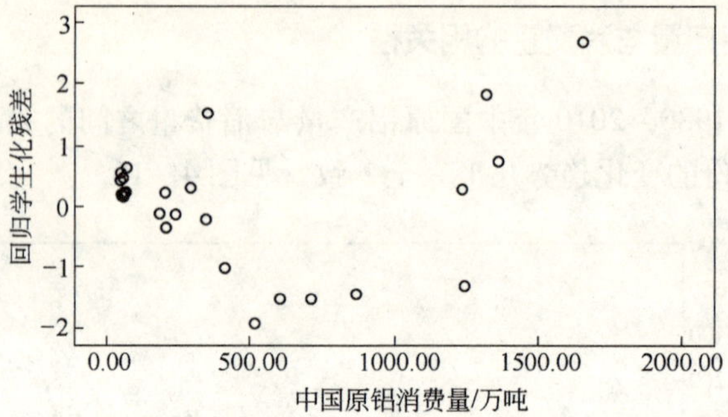

图 4-17 中国原铝消费量残差分析中的异常值检验图

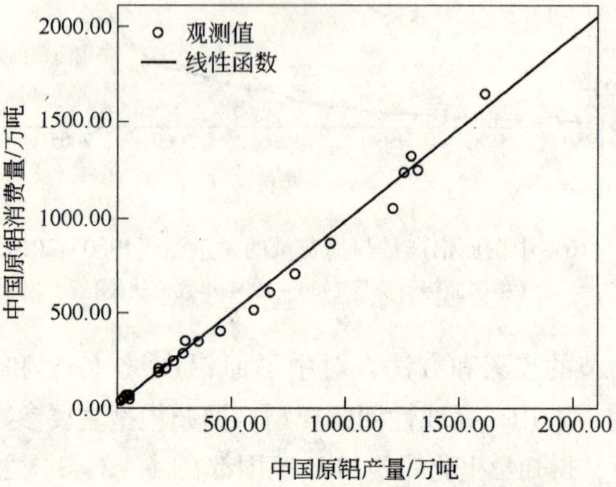

图 4-18 中国原铝产量与消费量的回归曲线图

4.4.3 分析与讨论

从研究结果可以看出，不管是世界数据，还是中国数据，原铝的产量和消费量的变化趋势和数据几乎完全一致，两组数据之间都存在着高度的线性相关关系，相关系数分别为 0.997 和 0.998，其回归方程分别是：

世界原铝消费量与产量：$y = 0.957x + 68.414$

中国原铝消费量与产量：$y = 0.955x + 9.906$

本节进行原铝产量、消费量相关性分析的目的在于为下一章中国原铝产量、消费量预测结果的分析和取舍提供理论依据。

4.5 原铝产量、消费量与 GDP 的相关性分析

4.5.1 中国原铝产量与 GDP 的相关性

作者研究了 1980 ~ 2010 年间，中国原铝产量与 GDP 之间的关系，见图

4－19。从数据看，两者随年份的变化趋势几乎一致，显示其具有相关性。

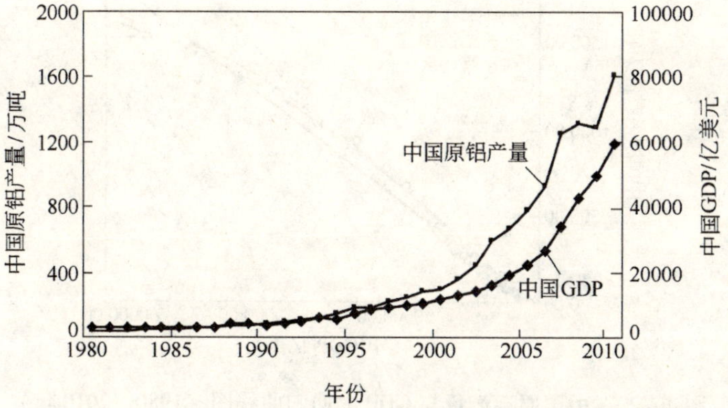

图4－19 中国原铝产量与GDP的关系图（1980～2010年）

按照4.3.2.2节的步骤和方法，设中国GDP为自变量x，中国原铝产量为因变量y，对两者的相关性进行研究。回归模型主要参数见表4－10。

表4－10 中国原铝产量与GDP相关性回归模型主要参数表

函数	模型概述					参数估计			
	R^2	F值	df_1	df_2	显著性	常数	b_1	b_2	b_3
线性函数	0.965	911.066	1	33	0.000	－12.147	0.029		
二次函数	0.985	1.037E3	2	32	0.000	－115.446	0.046	－2.950E－7	
三次函数	0.985	687.925	3	31	0.000	－94.554	0.041	－6.430E－8	－2.607E－12
幂函数	0.981	1.660E3	1	33	0.000	0.003	1.229		

自变量：GDP；因变量：原铝产量。

从决定系数R^2来看，拟合程度较好的是一次函数、二次函数、三次函数、幂函数，相关系数分别为：0.982、0.992、0.992和0.990。其回归方程方别为：

一次函数：$y=0.029x-12.147$

二次函数：$y=-2.95\times10^{-7}x^2+0.046x-115.446$

三次函数：$y=-2.607\times10^{-12}x^3-6.43\times10^{-8}x^2+0.041x-94.554$

幂函数：$y=x^{1.229}+0.003$

中国原铝产量与GDP的回归曲线图如图4－20所示。

4.5.2 中国原铝消费量与GDP的相关性

作者研究了1980～2010年间，中国原铝消费量与GDP之间的关系，见图4－21。从数据看，两者随年份的变化趋势几乎一致，显示其具有相关性。

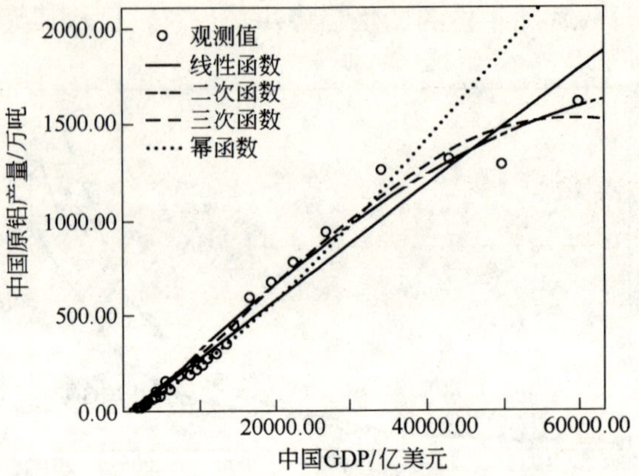

图4－20 中国原铝产量与GDP的回归曲线图（1980～2010年）

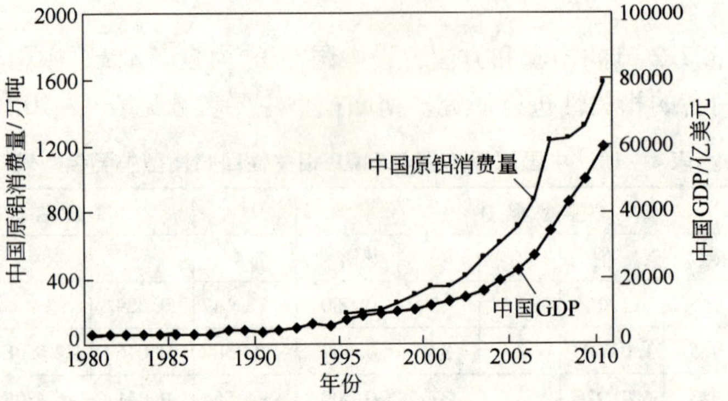

图4－21 中国原铝消费量与GDP的关系图（1980～2010年）

按照4.3.2.2节的步骤和方法，设中国GDP为自变量x，中国原铝消费量为因变量y，对两者的相关性进行研究，回归模型的主要参数见表4－11。

表4－11 中国原铝消费量和GDP相关性回归模型主要参数表

函数	模型概述					参数估计			
	R^2	F值	df_1	df_2	显著性	常数	b_1	b_2	b_3
线性函数	0.972	689.076	1	20	0.000	－4.219	0.029		
二次函数	0.986	646.604	2	19	0.000	－89.538	0.040	－2.125E－7	
三次函数	0.988	481.509	3	18	0.000	－48.709	0.031	2.408E－7	－5.304E－12
幂函数	0.990	1.992E3	1	20	0.000	0.006	1.151		

自变量：GDP；因变量：原铝消费量。

从决定系数R^2来看，拟合程度较好的是一次函数、二次函数、三次函数、幂函数，相关系数分别为：0.986、0.993、0.994和0.995。其回归方程分别为：

一次函数：$y=0.029x-4.219$

二次函数：$y=-2.125\times10^{-7}x^2+0.04x-89.538$

三次函数：$y=-5.304\times10^{-12}x^3+2.408\times10^{-7}x^2+0.031x-48.709$

幂函数：$y=x^{1.151}+0.006$

中国原铝消费量与 GDP 的回归曲线图如图 4－22 所示。

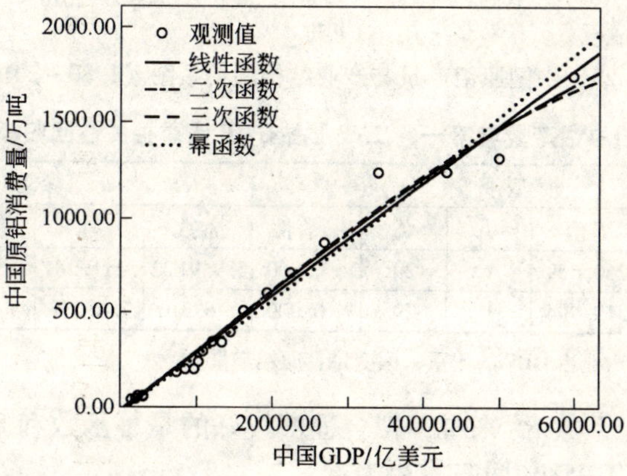

图 4－22　中国原铝消费量与 GDP 的回归曲线图（1980～2010 年）

4.5.3　分析与讨论

从样本统计数据可以看出，中国原铝产量、消费量与 GDP 均具有较好的相关性。回归分析中，一次函数、二次函数、三次函数、幂函数拟合度较高。在第 5 章的产量、消费量预测中，要结合实际情况选用合适的回归模型来预测。

4.6　原铝产量、消费量与产业结构的相关性分析

4.6.1　中国原铝产量与产业结构的相关性

作者研究了 1980～2010 年中国原铝产量与中国第一、二产业占 GDP 的比重（以下称：中国产业结构）之间的关系，见图 4－23。从数据看，两者随年份的变化趋势是相反的，显示其具有负相关性。

按照 4.3.2.2 节的步骤和方法，设第一、二产业占 GDP 的比重为自变量 x，中国原铝产量为因变量 y，对两者的相关性进行研究，回归模型主要参数见表 4－12。

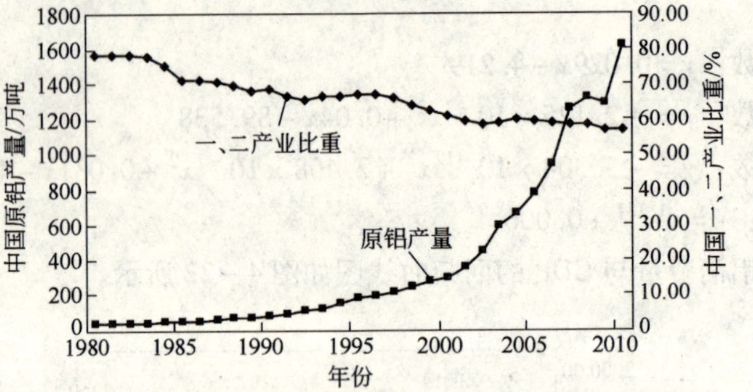

图 4－23 中国原铝产量与产业结构的关系图（1980～2010 年）

表 4－12 中国原铝产量与第一、二产业占 GDP 比重相关性回归模型主要参数表

函 数	模型概述					参数估计			
	R^2	F 值	df_1	df_2	显著性	常数	b_1	b_2	b_3
幂函数	0.900	260.659	1	29	0.000	5.949E22	－11.281		
S 函数	0.917	319.994	1	29	0.000	－6.310	754.231		

自变量：第一、二产业占 GDP 的比重；因变量：原铝产量。

从函数的决定系数 R^2 来看，拟合程度较好的是幂函数和 S 函数，其相关系数分别为 0.948、0.958，回归方程为：

幂函数：$y = x^{-11.281} + 5.949 \times 10^{22}$

S 函数：$y = k/[1 - 6.31\exp(-754.231x)]$（$k$ 为饱和值）

中国原铝产量与产业结构的回归曲线图如图 4－24 所示。

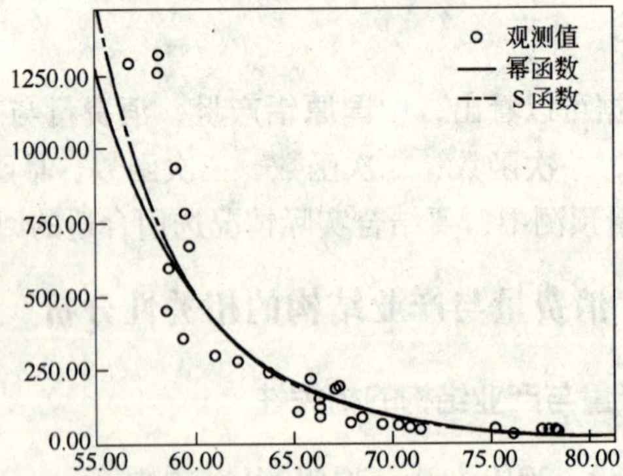

图 4－24 中国原铝产量与产业结构的回归曲线图（1980～2010 年）

4.6.2 中国原铝消费量与产业结构的相关性

作者研究了 1980～2010 年中国原铝消费量与产业结构之间的关系，见图 4－25。从数据看，两者随年份的变化趋势是相反的，显示其具有负相关性。

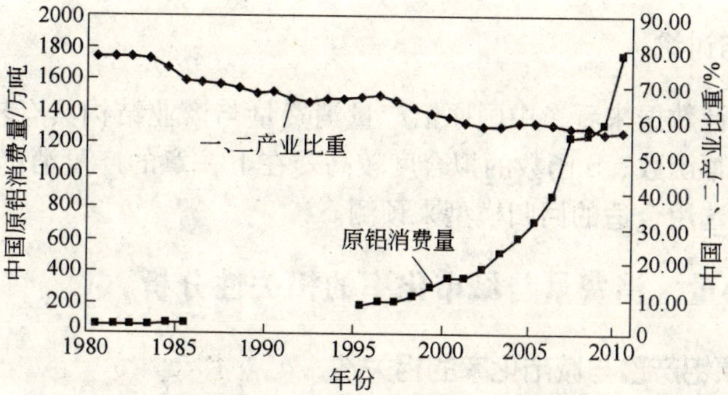

图 4-25 中国原铝消费量与产业结构的关系图（1980~2010 年）

按照 4.3.2.2 节的步骤和方法，设中国第一、二产业占 GDP 的比重为自变量 x，中国原铝消费量为因变量 y，对两者的相关性进行研究，回归模型的主要参数见表 4-13。

表 4-13 中国原铝消费量与第一、二产业占 GDP 的比重相关性回归模型主要参数表

函数	模型概述					参数估计			
	R^2	F 值	df_1	df_2	显著性	常数	b_1	b_2	b_3
幂函数	0.917	220.249	1	20	0.000	3.085E19	-9.412		
S 函数	0.927	255.814	1	20	0.000	-4.191	631.262		

自变量：第一、二产业占 GDP 的比重；因变量：原铝消费量。

从函数的决定系数 R^2 来看，拟合程度较好的是幂函数和 S 函数，其相关系数分别为 0.958、0.963，回归方程为：

幂函数：$y = x^{-9.412} + 3.085 \times 10^{19}$

S 函数：$y = k/[1 - 4.191\exp(-631.262x)]$（$k$ 为饱和值）

中国原铝消费量与产业结构的回归曲线图如图 4-26 所示。

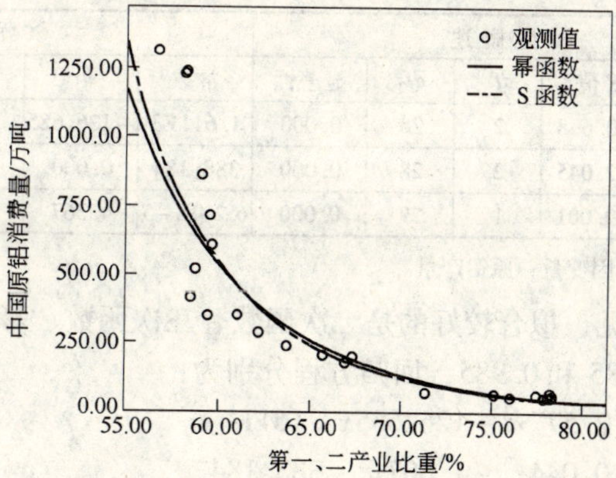

图 4-26 中国原铝消费量与产业结构的回归曲线图（1980~2010 年）

4.6.3 分析与讨论

从样本统计数据来看，中国原铝产量消费量与产业结构具有较好的相关性。回归分析中，幂函数、S 函数的拟合度较高。在下一章的产量消费量预测中，要结合实际情况选用合适的回归模型来预测。

4.7 原铝产量、消费量与城市化率的相关性分析

4.7.1 中国原铝产量与城市化率的相关性

作者研究了 1980 ~ 2010 年中国原铝产量与城市化率之间的关系，见图 4 - 27。从两者随年份的变化曲线可见，其走向和趋势大致相同，显示其具有相关性。

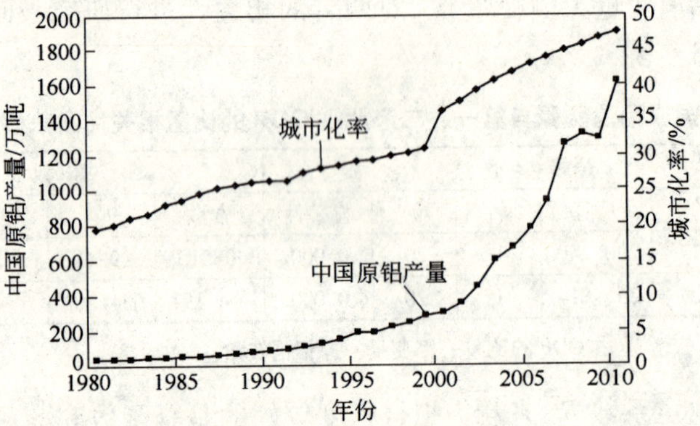

图 4 - 27　中国原铝产量与城市化率的关系图（1980 ~ 2010 年）

按照 4.3.2.2 节的步骤和方法，设中国城市化率为自变量 x，中国原铝产量为因变量 y，对两者的相关性进行研究，回归模型的主要参数见表 4 - 14。

表 4 - 14　中国原铝产量与城市化率相关性回归模型主要参数表

函数	模型概述					参数估计			
	R^2	F 值	df_1	df_2	显著性	常数	b_1	b_2	b_3
二次函数	0.958	320.638	2	28	0.000	1.611E3	-126.685	2.577	
三次函数	0.971	462.045	2	28	0.000	388.184	0.000	-1.607	0.044
幂函数	0.970	949.001	1	29	0.000	6.210E-5	4.367		

自变量：城市化率；因变量：原铝产量。

从表 4 - 14 可见，拟合较好的是二次函数、三次函数、幂函数，其相关系数分别为 0.979、0.985 和 0.985，回归方程分别为：

二次函数：$y = 2.577x^2 - 126.685x + 1611$

三次函数：$y = 0.044x^3 - 1.607x^2 + 388.184$

幂函数：$y = x^{4.367} + 0.0000621$

中国原铝产量与城市化率的回归曲线图如图 4－28 所示。

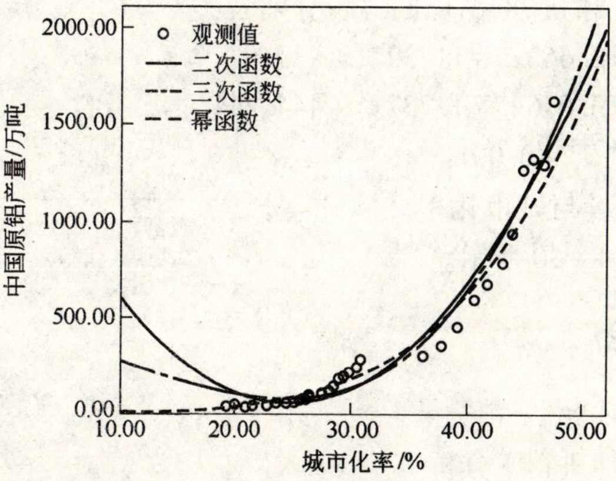

图 4－28 中国原铝产量与城市化率的回归曲线图（1980～2010 年）

4.7.2 中国原铝消费量与城市化率的相关性

作者研究了 1980～2010 年中国原铝消费量与城市化率之间的关系，见图4－29。从两者随年份的变化曲线可见，其走向和趋势大致相同，显示其具有相关性。

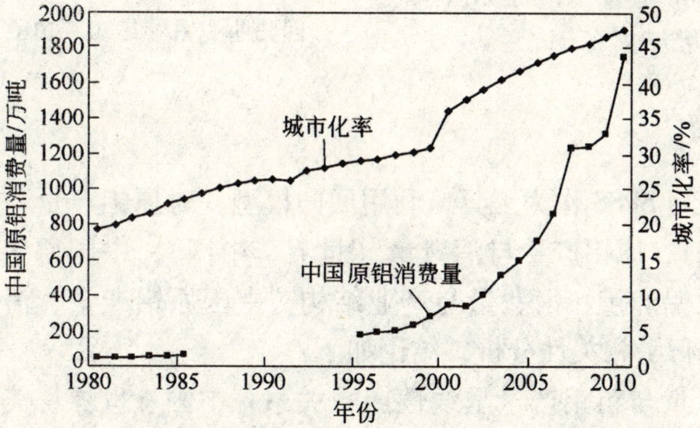

图 4－29 中国原铝消费量与城市化率的关系图（1980～2010 年）

按照 4.3.2.2 节的步骤和方法，设中国城市化率为自变量 x，中国原铝消费量为因变量 y，对两者的相关性进行研究，回归模型的主要参数见表 4－15。

表 4－15 中国原铝消费量与城市化率相关性回归模型主要参数表

函数	模型概述					参数估计			
	R^2	F 值	df_1	df_2	显著性	常数	b_1	b_2	b_3
二次函数	0.938	142.814	2	19	0.000	1.740E3	－134.211	2.662	
三次函数	0.955	200.778	2	19	0.000	444.244	0.000	－1.737	0.046
幂函数	0.969	633.181	1	20	0.000	0.001	3.715		

自变量：城市化率；因变量：原铝消费量。

从表 4 – 15 可见，拟合较好的是二次函数、三次函数、幂函数，相关系数分别为 0.969、0.977 和 0.984，回归方程分别为：

二次函数：$y = 2.662x^2 - 114.211x + 1740$

三次函数：$y = 0.046x^3 - 1.737x^2 + 444.244$

幂函数：$y = x^{3.715} + 0.001$

中国原铝消费量与城市化率的回归曲线图如图 4 – 30 所示。

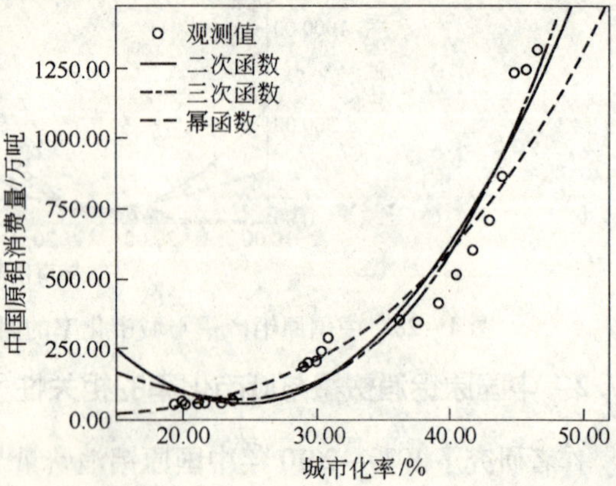

图 4 – 30　中国原铝消费量与城市化率的回归曲线图（1980 ~ 2010 年）

4.7.3　分析与讨论

本节对中国原铝产量、消费量与城市化率的相关性进行了分析。在样本统计数据内，原铝产量、消费量与城市化率的回归分析中，二次函数、三次函数、幂函数的拟合度较高。在下一章的产量、消费量预测中，将结合实际情况选用合适的回归模型来预测。

4.8　本章小结

本章主要利用 SPSS 作为工具，利用回归模型，对原铝产量与粗钢产量（世界、美国、中国），原铝产量与消费量（世界、中国），中国原铝产量、消费量与 GDP，中国原铝产量、消费量与产业结构，中国原铝产量、消费量与城市化率等 5 对关系进行了相关性分析，结论如下：

（1）原铝产量与粗钢产量呈线性函数关系，中国、世界、美国三组样本数据的相关系数分别为 0.995、0.981 和 0.768。

（2）原铝产量与消费量呈线性函数关系，具有高度相关性。中国、世界两组样本数据的线性相关系数分别为 0.998 和 0.997。

（3）中国原铝产量、消费量与 GDP 之间拟合度较高的函数为三次函数和幂函数，相关系数在 0.990 ~ 0.995 之间。

（4）中国原铝产量、消费量与产业结构之间拟合度较高的函数为 S 函数和幂函数，相关系数在 0.948 ~ 0.963 之间。

（5）中国原铝产量、消费量与城市化率之间拟合度较高的函数为二次函数、三次函数和幂函数，相关系数在 0.969 ~ 0.985 之间。

具体结果如表 4 – 16 所示。

表 4-16 原铝产量、消费量影响因素相关性研究结果

组别	自变量（x）	因变量（y）	样本数据年份区间	函数	样本决定系数（R^2）	相关系数（R）	回归方程
1	世界粗钢产量	世界原铝产量	1920~2010	线性函数	0.963	0.981	$y=0.030x-401.202$
	美国粗钢产量	美国原铝产量	1920~2010	线性函数	0.590	0.768	$y=0.042x-137.259$
	中国粗钢产量	中国原铝产量	1950~2010	线性函数	0.989	0.995	$y=0.250x-38.09$
2	世界原铝产量	世界原铝消费量	1980~2010	线性函数	0.994	0.997	$y=0.957x+68.414$
	中国原铝产量	中国原铝消费量	1980~2010	线性函数	0.995	0.998	$y=0.955x+9.906$
3	中国 GDP	中国原铝产量	1980~2010	三次函数	0.985	0.992	$y=-2.607\times10^{-12}x^3-6.43\times10^{-8}x^2+0.041x-94.554$
				幂函数	0.981	0.990	$y=x^{1.229}+0.003$
		中国原铝消费量	1980~2010	三次函数	0.988	0.994	$y=-5.304\times10^{-12}x^3+2.408\times10^{-7}x^2+0.031x-48.709$
				幂函数	0.990	0.995	$y=x^{1.151}+0.006$
4	中国产业结构	中国原铝产量	1980~2010	S 函数	0.917	0.958	$y=k/[1-6.31\exp(-754.231x)]$
				幂函数	0.900	0.948	$y=x^{-11.281}+5.949\times10^{22}$
		中国原铝消费量	1980~2010	S 函数	0.927	0.963	$y=k/[1-4.191\exp(-631.262x)]$
				幂函数	0.917	0.958	$y=x^{-9.412}+3.085\times10^{19}$
5	中国城市化率	中国原铝产量	1980~2010	二次函数	0.970	0.985	$y=2.577x^2-126.685x+1611$
				三次函数	0.971	0.985	$y=0.044x^3-1.607x^2+388.184$
				幂函数	0.958	0.979	$y=x^{4.367}+0.0000621$
		中国原铝消费量	1980~2010	二次函数	0.938	0.969	$y=2.662x^2-114.211x+1740$
				三次函数	0.955	0.977	$y=0.046x^3-1.737x^2+444.244$
				幂函数	0.969	0.984	$y=x^{3.715}+0.001$

说明：本章的相关性分析，为下一章进行中国原铝产量、消费量预测提供了理论依据和数学模型。在考察样本的相关性时，可能会出现多个函数拟合度都很高的情况，不应随意对函数进行取舍。因为在样本区间内拟合度最好的函数，不一定就是实际预测时最适用的函数。因此，在下一章的预测中，针对一个预测模型，均选取多个函数进行预测，然后根据实际情况，结合发展规律对预测数据进行分析和取舍。

5 中国原铝产量、消费量的峰值期和峰值预测

5.1 关于预测技术和方法的综述

5.1.1 预测的概念和步骤

预测是指借对过去的探讨去寻求对未来的了解。预测的研究对象是未来，而研究的目的则是去寻找未来事物的发展规律。预测的直接基础在于两个以上变量之间有规则的对应关系，这种对应关系有两种，一种称为确定性对应关系，另一种称为不确定性关系或称为统计关系。

经济预测的程序随预测目的、采用方法的不同而不同，一般地，预测的程序应包括：（1）确定预测目的；（2）收集整理资料；（3）选择预测模型和方法；（4）利用模型进行预测；（5）分析预测误差，进行预测评价；（6）提出预测报告；（7）改进预测方法，修正数学模型。

5.1.2 预测方法及应用

预测广泛应用于各个领域，传统的预测方法有：德尔菲（Delphi）法、类比法、时间序列法、回归分析法等。各类预测方法之间并不存在明显的优劣，只是不同方法具有各自不同的特点。如德尔菲法综合了人的智慧和经验，但有时稳定性不太可靠；时间序列是根据预测对象本身的历史数据来预测其未来；回归分析则注重分析影响预测对象的因素所造成的影响。

进入20世纪90年代以后，社会经济发展的市场化、全球化和信息化进程加快，系统的非线性、复杂性增强，学者们将计算机技术、人工智能技术和预测技术结合起来开发新的预测工具，产生了许多新的预测方法，如灰色系统理论法、神经网络法、支持向量机法等方法。

（1）灰色预测是基于关联度收敛原理、生成数、灰导数、灰微分方程等观点和方法，通过建立灰色方程模型进行的预测。其具有所需的样本数据少、原理简单、运算方便、短期预测精度高、可检验等优点，得到了广泛的应用。如左治兴（2007）利用 GM（1，1）模型预测石油的需求量；赵瑞荣（1999）用灰色理论预测铁矿石需求时进行了修正，得到了较好的预测结果；王立杰（2002）、程跃（2006）对煤炭的需求量建立模型并预测；王成山（1999）对城市年用电

量进行了预测。

（2）神经网络法（Artificial Neural Network，ANN）是以计算机网络系统模拟生物神经网络的智能计算系统，对未来进行预测。其优点主要表现在：大规模并行处理，复杂非线性动态特性，良好的容错性能和联想记忆功能，分析和设计的一致性，自学习、自组织和自适应性。反向传播（Back - Propagation，简称BP）算法是一种计算单个权值变化引起网络性能变化值的较为简单的方法，是目前应用最为广泛的一种人工神经网络模型，国内外在经济预测中常采用的也是BP 神经网络法。该方法实际上是对系统的一种黑箱模拟，适合于动态石油、煤炭、耕地等消费预测值以及动态训练系统，而且得到较高的预测精度。由于其“黑箱操作”对制定政策和提高利用率有比较多的帮助，此种方法适宜用于上述消费品的长、短期消费预测。

（3）支持向量机（Support Vector Machines，SVM）是 Vapnik 等于 1995 年在统计学理论的基础上首次提出的一种新的机器学习算法。支持向量机是在有限样本条件下对统计学中的 VC 维理论和结构风险最小原理的实现。SVM 通过核函数实现到高维空间的非线性映射，所以适合于解决本质上非线性的分类、回归等问题。同时，SVM 方法巧妙地解决了如何求得非线性映射和解决算法的复杂性这两个难题，避免了“维数灾难”。支持向量机是一种具有坚实理论基础的新颖小样本学习方法，它避开了从归纳到演绎的传统过程，实现了高效的从训练样本到预报样本的“转导推理”，大大简化了通常的分类和回归等问题。目前支持向量机已广泛应用于时间序列预测中，如证券领域、气象预测、天然气负荷预测、天然气消费量预测、电力预测、粮食产量预测等。

5.2 中国工业化完成时间的预测与验证

5.2.1 基于中国产业结构的预测

工业化与产业结构密切相关。著名经济学家西蒙·库兹涅茨（Simon Smith Kuznets）对工业化与产业结构之间的演变规律进行了研究，分析了工业化过程中，各个生产部门的产值在总产值中的份额以及在劳动力就业结构中的份额变化。霍利斯·钱纳里（Hollis B. Chenery）运用库兹涅茨的统计归纳法，对工业化进程中产业结构变动的一般趋势进行了更加深入的研究，设计了一个国家生产总值的市场占有率模型。

在工业化的初期阶段，第一产业的比重较大，第二产业的比重较小，第三产业因市场化程度较高比重较大；随着工业化的推进，第一产业结构持续下降，第二产业结构迅速上升，而第三产业结构只是缓慢提高。当第一产业结构下降到20% 以下，第二产业的比重超过第三产业并在 GDP 中占最大份额时，工业化进入中期阶段；当第一产业结构下降到10%以下第二产业结构上升到最高水平并保持稳定或有所下降时，工业化开始进入后期阶段；当第三产业结构上升到50%并持续向上时，工业化基本完成。按照产业结构划分的工业化发展阶段见表5－1。

表5－1 按照产业结构划分的工业化发展阶段

基本指标		准工业化阶段	工业化阶段			后工业化阶段
			初期	中期	后期	
三大产业增加值结构/%	第一产业(A)	>40,(>I)	40~20,(<I)	<20,(<I)	<10	<10
	第二产业(I)	<20,(<A)	20~30,(>A)	30~40,且最大	40~50,且最高	<40,(<S)
	第三产业(S)	<35	35~40,(>I)	40~50,(<I)	>50,(<I)	>55,(>I)
三大产业就业结构/%	第一产业(A)	>60	60~45	45~30	30~10	<10
	第二产业(I)	<15	15~20	20~30	30~40	<40,(>A,<S)
	第三产业(S)	<20	20~30	30~40	40~50	>50
工业占GDP比重/%		<20	20~30	30~40	40~50	<50
制造业占GDP比重/%		<15	19	24	36	<36
制造业占总商品比重/%		<20	20~40	40~50	50~60	>60
城镇化率/%		<30	30~50	50~60	60~75	>75

中国从1978年推行改革开放政策以来，第一产业在GDP中的比重逐年降低，从20世纪80年代初的30.2%降低到2010年的10.1%左右；第二产业所占比重则保持在41.3%～47.9%的水平。图5－1是中国1978～2010年第一、二、三产业占GDP比重的比较图，具体数据见附录5。

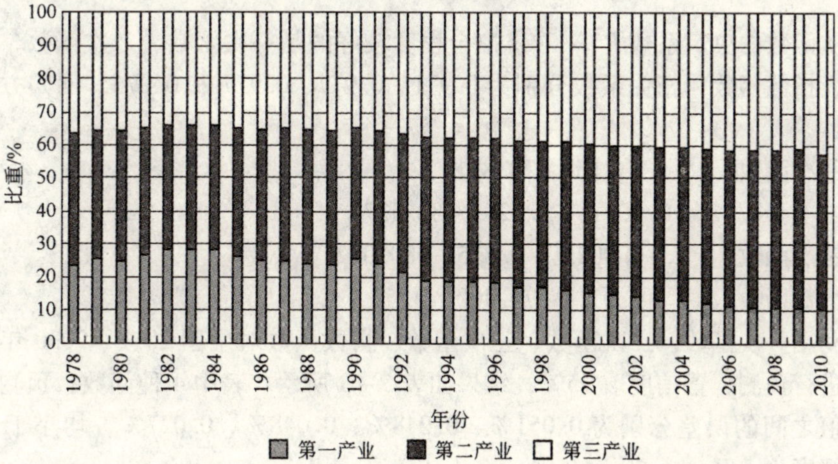

图5－1 中国第一、二、三产业在GDP中的比重（1978～2010年）

用SPSS统计软件对第一、二产业所占GDP的比重进行时间序列回归分析，不同模型的参数见表5－2，自回归曲线图见图5－2。

表5－2 第一、二产业占GDP比重相关性回归模型主要参数表

函数	模型概述					参数估计			
	R^2	F值	df_1	df_2	显著性	常数	b_1	b_2	b_3
线性函数	0.943	512.027	1	31	0.000	78.719	－0.716		
二次函数	0.954	311.789	2	30	0.000	80.537	－1.028	0.009	
三次函数	0.955	202.945	3	29	0.000	80.072	－0.875	－0.002	0.000
指数函数	0.952	617.476	1	31	0.000	79.400	－0.011		

因变量：第一、二产业占GDP的比重。

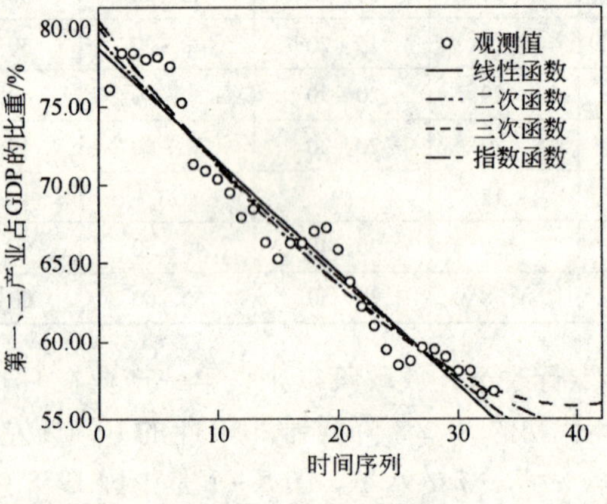

图5－2 中国产业结构的自回归曲线图（1980～2010年）

从函数的决定系数R^2来看，拟合程度较好的是一次函数、二次函数、三次函数、指数函数，相关系数分别为0.971、0.977、0.977和0.976，回归方程分别是：

一次函数：$y=-0.716x+78.8719$

二次函数：$y=0.009x^2-1.028x+80.537$

三次函数：$y=-0.002x^2-0.875x+80.072$

指数函数：$y=-0.011^x+79.400$

利用一次函数、二次函数、三次函数、指数函数对中国2011～2030年产业结构进行预测，置信度取95%，结果如表5－3所示。表中4种函数，预测值与原始值之间的误差分别为0.051%、0.048%、0.048%、0.027%，均小于1%，预测精度为一级。

根据工业化国家的发展经验，完成工业化时第一、二产业占GDP的比重低于50%。据此预测，中国实现工业化的时间为：2018~2021年。

表5-3 中国产业结构的预测值（2011~2030年）

年份	第一、二产业占GDP比重/%				年份	第一、二产业占GDP比重/%			
	一次函数	二次函数	三次函数	指数函数		一次函数	二次函数	三次函数	指数函数
2011年	54.38	56.20	56.66	55.17	2021年	47.22	53.07	56.39	49.57
2012年	53.66	55.80	56.43	54.58	2022年	46.51	52.86	56.63	49.04
2013年	52.95	55.43	56.24	54.00	2023年	45.79	52.67	56.93	48.52
2014年	52.23	55.07	56.10	53.42	2024年	45.07	52.49	57.29	48.00
2015年	51.52	54.73	56.00	52.86	2025年	44.36	52.34	57.70	47.49
2016年	50.80	54.41	55.94	52.29	2026年	43.64	52.20	58.18	46.98
2017年	50.09	54.10	55.93	51.74	2027年	42.93	52.08	58.71	46.48
2018年	49.37	53.82	55.97	51.18	2028年	42.21	51.98	59.30	45.99
2019年	48.65	53.55	56.06	50.64	2029年	41.50	51.89	59.96	45.50
2020年	47.94	53.30	56.20	50.10	2030年	40.78	51.83	60.68	45.01

5.2.2 基于中国城市化率的预测

工业化与城市化率密切相关，工业发展是城市成长和发展的重要推动力。发展经济学家卡尔·缪尔达尔（Karl Gunnar Myrdal）提出了城市发展的循环累积因果机制理论，这一理论将工业增长与城市扩大看成是一个相关的过程，而且认为城市化与工业化相互促进。

中国历年城市化率的变化情况见图5-3。用SPSS统计软件对中国城市化率进行时间序列回归分析，回归模型的主要参数见表5-4，自回归曲线图见图5-4。

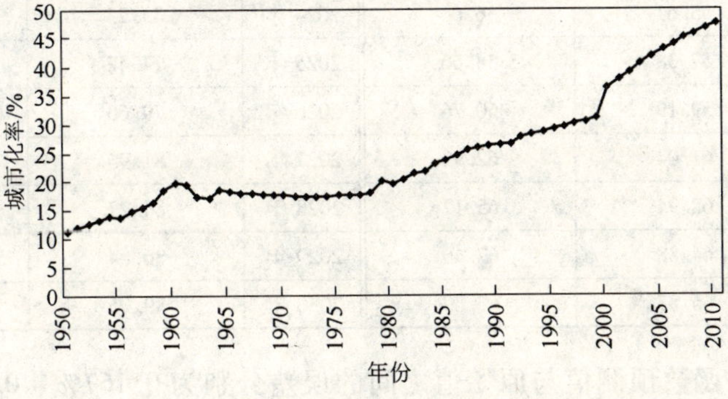

图5-3 中国历年城市化率的变化情况（1950~2010年）

表 5-4 中国城市化率时间序列回归模型主要参数表

函数	模型概述					参数估计			
	R^2	F 值	df_1	df_2	显著性	常数	b_1	b_2	b_3
二次函数	0.978	609.442	2	28	0.000	20.465	0.259	0.021	
三次函数	0.978	396.549	3	27	0.000	20.014	0.415	0.009	0.000

因变量：中国城市化率。

从函数的决定系数 R^2 来看，拟合程度较好的是二次函数、三次函数，其相关系数均为 0.989，回归方程分别是：

二次函数：$y = 0.021x^2 + 0.259x + 20.465$

三次函数：$y = 0.000x^3 + 0.009x^2 + 0.415x + 20.014$

利用二次函数、三次函数对中国 2011～2030 年的城市化率进行预测，置信度取 95%。预测结果如表 5-5 所示。

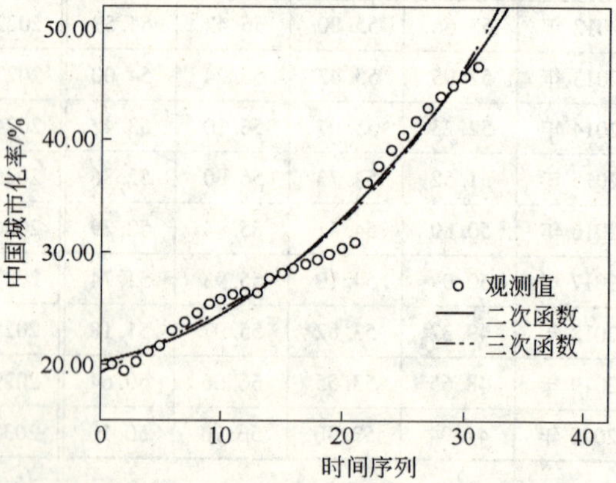

图 5-4 中国城市化率自回归曲线图（1980～2010 年）

表 5-5 中国城市化率的预测值（2011～2030 年）

年份	中国城市化率/%		年份	中国城市化率/%	
	二次函数	三次函数		二次函数	三次函数
2011 年	50.55	51.00	2021 年	68.89	72.37
2012 年	52.19	52.81	2022 年	70.96	74.93
2013 年	53.88	54.69	2023 年	73.07	77.58
2014 年	55.61	56.64	2024 年	75.23	80.31
2015 年	57.38	58.66	2025 年	77.42	83.12
2016 年	59.19	60.76	2026 年	79.66	86.03
2017 年	61.04	62.92	2027 年	81.95	89.02
2018 年	62.94	65.17	2028 年	84.27	92.10
2019 年	64.88	67.49	2029 年	86.64	95.28
2020 年	66.87	69.89	2030 年	89.05	98.55

以上两种函数预测值与原始值之间的误差分别为 0.167%、0.162%，均小于 1%，预测精度为一级。

根据工业化国家的发展经验，完成工业化时城市化率超过70%。据此预测，中国实现工业化的时间为：2020～2022年。

5.2.3　预测时间的确定与验证

根据5.2.1节和5.2.2节的结果，作者预测中国完成工业化的时间为（2020±2）年，见表5－6。

表5－6　中国完成工业化的时间预测

预测方法	自变量	完成工业化的标志	中国完成工业化的预测时间	本书确定的预测时间
时间序列自回归	中国产业结构（第一、二产业占GDP的比重）	<50%	2018～2021年	2018～2022年
	中国城市化率	>70%	2020～2022年	

2007年10月，党的十六大报告中提出，中国要在21世纪头20年“基本实现工业化”。2010年，陈佳贵等主持编写的《中国工业化报告》指出：2021年，中国的工业化水平综合指数将达到100，中国将实现工业化。

本节关于中国实现工业化的预测时间，与上述时间相一致，说明本书对中国实现工业化时间的预测是合理的。

5.3　中国钢铁峰值期的预测与验证

5.3.1　峰值期预测

根据发达国家的发展经验，钢铁作为基础原材料，其发展存在一个峰值和峰值期。20世纪70年代中期，英国、美国、日本、德国等发达国家的粗钢产量、消费量先后达到峰值，钢铁产量、消费量达到饱和而不再增长。中国钢铁工业的发展也同样存在峰值和峰值期。

钢铁产量、消费量达到峰值，一般要具备3个条件：（1）国家已经基本实现工业化；（2）人均GDP达到3500～6000美元；（3）二次产业结构要低于50%，且综合工业水平已经达到一定高度。一个国家的人均钢铁产量、消费量，也是衡量其工业化程度的重要指标。本书用人均钢铁产量预测中国钢铁工业的峰值期。图5－5是中国1950～2010年人均粗钢产量变化趋势图。用SPSS统计软件对中国人均粗钢产量进行时间序列回归分析，回归模型主要参数如表5－7所示，自回归曲线图如图5－6所示。

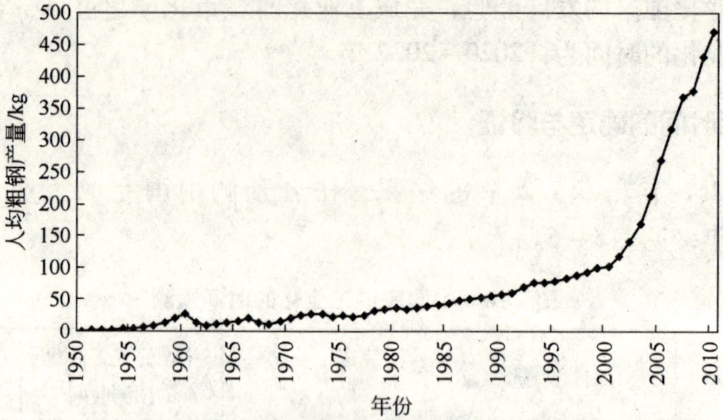

图 5-5 中国人均粗钢产量的变化趋势图（1950~2010 年）

表 5-7 中国人均粗钢产量时间序列回归模型主要参数表

函数	模型概述					参数估计			
	R^2	F 值	df_1	df_2	显著性	常数	b_1	b_2	b_3
三次函数	0.948	344.429	3	57	0.000	-44.598	12.398	-0.606	0.009
复合函数	0.912	612.910	1	59	0.000	3.678	1.075		

因变量：人均粗钢产量。

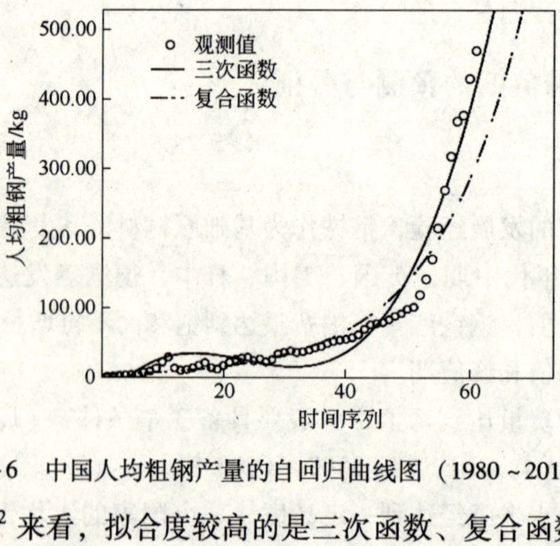

图 5-6 中国人均粗钢产量的自回归曲线图（1980~2010 年）

从决定系数 R^2 来看，拟合度较高的是三次函数、复合函数，相关系数分别为 0.974、0.955，三次函数回归方程为：$y = 0.009x^3 - 0.606x^2 + 12.398x - 44.598$。

利用三次函数、复合函数对中国 2011~2030 年的人均粗钢产量进行预测，置信度取 95%。预测结果如表 5-8 所示。

表 5 – 8　中国人均粗钢产量的预测数据（2011 ~ 2030 年）

年 份	人均粗钢产量/kg		年 份	人均粗钢产量/kg	
	三次函数	复合函数		三次函数	复合函数
2011 年	457. 29	330. 55	2021 年	936. 63	682. 88
2012 年	495. 34	355. 43	2022 年	997. 60	734. 27
2013 年	535. 45	382. 17	2023 年	1061. 14	789. 52
2014 年	577. 67	410. 93	2024 年	1127. 31	848. 94
2015 年	622. 05	441. 86	2025 年	1196. 16	912. 82
2016 年	668. 64	475. 11	2026 年	1267. 75	981. 51
2017 年	717. 50	510. 86	2027 年	1342. 12	1055. 38
2018 年	768. 68	549. 30	2028 年	1419. 32	1134. 79
2019 年	822. 22	590. 64	2029 年	1499. 42	1220. 19
2020 年	878. 19	635. 09	2030 年	1582. 45	1312. 01

根据国际先行工业化国家的发展经验，美国、英国、法国、德国、日本、俄罗斯 6 个国家在钢铁峰值期时，人均钢产量平均为 692. 83kg/(人 · 年)（见表 4 – 2）。在中国人均粗钢产量预测中，2017 ~ 2021 年的数据与之接近。据此，预测中国钢铁峰值期在（2019 ± 2）年。

5. 3. 2　峰值期验证

发达国家的发展历史证明：一个国家钢铁峰值出现在工业化完成时间的前后。本节中，中国钢铁峰值期（2019 年左右）的预测结果，与中国工业化完成时间（2020 年左右）的预测结果基本一致，符合工业化国家的发展规律。

工业和信息化部发布《钢铁工业“十二五”（2011 ~ 2015 年）发展规划》预测，中国粗钢需求量峰值可能出现在 2015 ~ 2020 年。兰格钢铁网徐向春（2007）、北京科技大学颜云云（2011）等的研究结果表明，中国钢铁的峰值期将在 2020 年到来。

本书的预测结果与上述结论基本一致，说明本书对中国钢铁峰值期的预测是合理的。

5. 4　中国原铝峰值期的预测与验证

5. 4. 1　峰值期预测

本章 5. 2 节预测了中国实现工业化的时间为（2020 ± 2）年，5. 3 节预测了中国钢铁的峰值期为（2019 ± 2）年，这两个数据基本一致，符合工业化国家的发展规律，与有关学者关于中国工业化完成时间和钢铁峰值时间的预测结果也是一致的。说明本书对这两个时间的预测是合理的。

从发达国家的经验来看，原铝峰值期滞后粗钢峰值期约 4 ~ 10 年，见表 5 – 9。

表 5 – 9 部分国家工业化进程中粗钢和原铝产量的峰值和峰值期

国 家	粗 钢 产 量		原 铝 产 量		滞后期/年
	峰值时间	峰值/万吨	峰值时间	峰值/万吨	
英国	1970 年	2831. 6	1980 年	37. 4	10
美国	1973 年	13680. 4	1980 年	465. 4	7
日本	1973 年	11932. 2	1977 年	118. 8	4
法国	1974 年	2702. 3	1981 年	43. 6	7
德国	1974 年	5323. 1	1984 年	77. 7	10

数据来源：《国内外钢铁统计》，冶金工业出版社；《中国有色金属工业年鉴》。

现在世界范围内的信息产业革命已经到来，信息化将促进中国的工业化进程，使中国的工业化不同于 20 世纪 50 ~ 80 年代的工业化国家的工业化进程，速度会有所加快。假定中国原铝的峰值期滞后钢铁峰值期为 6 年。

根据中国钢铁峰值期为（2019 ±2）年的预测结果，预测中国原铝的峰值期为（2025 ±2）年。下文为计算方便，取峰值期为 2025 年。

5. 4. 2 峰值期验证

据中国地质科学院全球矿产资源战略研究中心综合预测，中国原铝消费的峰值将会在 2022 ~ 2028 年出现，需求量的峰值在 2022 ~ 2030 年出现。邱哲生（2010）的研究结果显示，中国原铝消费的峰值期将在 2025 年出现。

本书的预测结果与上述结果一致，说明本书的预测结果是合理的。

5. 5 中国原铝产量、消费量峰值的预测

据预测，中国原铝的峰值期在 2025 年，因此，在此时间点预测的原铝的产量、消费量，即为中国原铝产量、消费量的峰值。峰值之前，原铝的产量、消费量符合相关的函数关系，峰值之后，将出现拐点并逐渐下降。

5. 5. 1 基于时间序列回归模型的预测

利用 SPSS 统计软件，对中国原铝产量、消费量（1980 ~ 2010 年）进行时间序列自回归分析。回归模型的主要参数见表 5 – 10，自回归曲线见图 5 – 7。

表 5-10 中国原铝产量、消费量时间序列回归模型主要参数表

函数	模型概述					参数估计			
	R^2	F值	df_1	df_2	显著性	常数	b_1	b_2	b_3
二次函数	0.961	343.731	2	28	0.000	222.304	-52.857	2.987	
三次函数	0.989	779.939	3	27	0.000	-16.575	30.202	-3.400	0.133
复合函数	0.982	1.584E3	1	29	0.000	23.341	1.141		

因变量：原铝产量。

函数	模型概述					参数估计			
	R^2	F值	df_1	df_2	显著性	常数	b_1	b_2	b_3
二次函数	0.963	248.513	2	19	0.000	227.673	-63.024	3.312	
三次函数	0.986	430.908	3	18	0.000	-17.200	39.182	-4.201	0.148
复合函数	0.971	662.222	1	20	0.000	36.784	1.120		

因变量：原铝消费量。

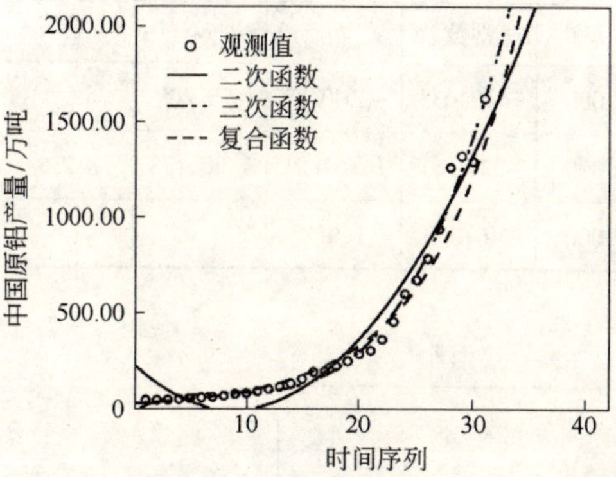

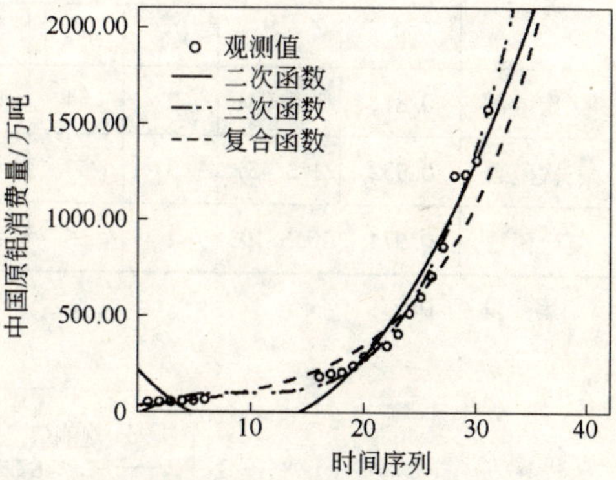

图 5-7 中国原铝产量、消费量自回归曲线图（1980~2010年）

分别利用三个函数对2025年中国原铝产量、消费量进行预测，置信度取95%，结果如表5-11所示。

表 5-11 2025年中国原铝产量、消费量预测 （万吨）

函数	二次函数	三次函数	复合函数
产量预测值	4112.02	7130.74	9946.65
置信区间	[3659.57, 4564.47]	[6326.58, 7934.89]	[6681.78, 14806.81]
消费量预测值	4337.49	7340.45	6666.66
置信区间	[3800.67, 4874.31]	[6144.76, 8536.13]	[4042.73, 10993.67]

以上预测数据中，用复合函数预测的原铝产量、消费量的数据分别为：9946.65 万吨和 6666.67 万吨，差距较大，与中国原铝产量、消费量高度相关（相关系数 $R=0.998$）的历史规律不符。况且，这组数据的置信区间太宽，失去了预测的意义。因此，该组数据不理想。

本模型的理想数据为二次函数、三次函数的预测数据，尚需进一步分析。

5.5.2 基于 GDP 相关性模型的预测

5.5.2.1 中国 GDP 的时间序列自回归预测

用 SPSS 统计软件对中国的 GDP 进行时间序列自回归分析，从不同函数的 R^2 来看，二次函数、三次函数和复合函数的拟合度较高，回归模型主要参数表和自回归曲线图分别如表 5－12 和图 5－8 所示。

表 5－12　中国 GDP 时间序列回归模型主要参数表

函数	模型概述					参数估计			
	R^2	F 值	df_1	df_2	显著性	常数	b_1	b_2	b_3
二次函数	0.811	116.031	2	54	0.000	7440.033	－1040.175	27.379	
三次函数	0.932	242.457	3	53	0.000	－5251.668	1476.901	－80.178	1.236
复合函数	0.974	2053.103	1	55	0.000	246.059	1.088		

因变量：GDP。

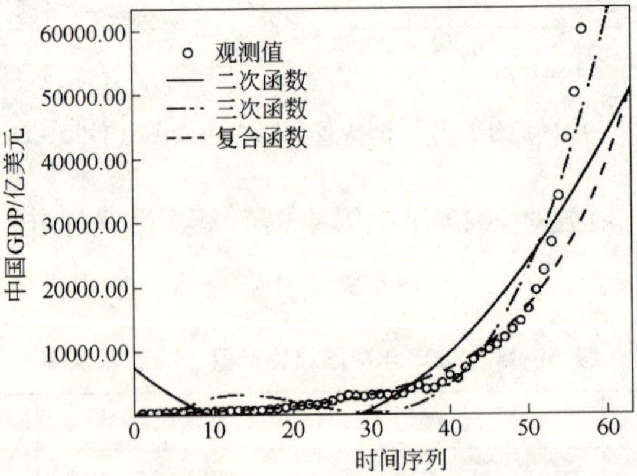

图 5－8　中国 GDP 的自回归曲线图（1980～2010 年）

利用三个函数对中国 2025 年的 GDP 进行预测，置信度取 95%，结果如表 5－13所示。

表 5-13 中国 2025 年 GDP 预测 （亿美元）

函数	二次函数	三次函数	复合函数
预测值	74481.64	146885.91	108871.70
置信区间	[59926.79，89736.49]	[129307.40，164464.41]	[66315.14，178738.18]

确定预测数据的理想值时，应考虑以下因素：

（1）GDP 增速。目前中国正处于工业化的中期，即将进入后期，GDP 还将以较高速度增长；2000 年到 2010 年，中国 GDP 的实际平均增速为 16.9%。若以中国 2000 年的 GDP（11983.9 亿美元）为基数，达到表 5-13 中 3 个预测数据的年增长率分别为：7.6%、10.6% 和 9.2%；若以 2010 年的 GDP（59847.1 亿美元）为基数，达到表 5-13 中 3 个预测数据的年增长率分别为：1.5%、6.2% 和 4.1%。

（2）置信区间。若复合函数的置信区间过大，则失去了预测的意义。

综上所述，作者认为三次函数的预测数据 GDP（2025）= 146885.91 亿美元较合理。中国 GDP 的三次函数回归方程为：$y = 1.236x^3 - 80.178x^2 + 1476.901x - 5251.668$。

5.5.2.2 GDP 预测值的验证

根据联合国社会经济司和中国计划生育委员会的预测，中国 2025 年人口约为 14.65～14.7 亿，若以本书的 GDP 预测值 146886 亿美元计算，则人均 GDP 约为 10000 美元。陈晨（2010）等对全球铝需求进行了分析预测，研究结果显示：发展中国家（包括中国、俄罗斯、墨西哥、南非、巴西等）铝消费的顶点预计在人均 GDP 为 10000～12000 美元之间到达。

上述数据的一致性，说明本节对中国 GDP 的预测结果是合理的。

5.5.2.3 中国原铝产量、消费量的预测

根据 4.5 节中国原铝产量、消费量与 GDP 的相关性模型，以中国 GDP 为自变量，且 GDP（2025）= 146885.91 亿美元，用一次函数、二次函数、三次函数、幂函数，分别对中国原铝产量、消费量进行预测。回归模型主要参数见表 5-14，回归曲线图如图 5-9 所示。

表 5-14 中国原铝产量、消费量回归模型主要参数表

函数	模型概述					参数估计			
	R^2	F 值	df_1	df_2	显著性	常数	b_1	b_2	b_3
线性函数	0.965	803.316	1	29	0.000	-22.724	0.030		
二次函数	0.984	871.546	2	28	0.000	-108.779	0.044	-2.698E-7	
三次函数	0.986	615.502	3	27	0.000	-76.875	0.036	1.321E-7	-4.763E-12
幂函数	0.979	1379.817	1	29	0.000	0.002	1.262		

自变量：GDP；因变量：原铝产量。

续表 5-14

函数	模型概述					参数估计			
	R^2	F值	df_1	df_2	显著性	常数	b_1	b_2	b_3
线性函数	0.972	689.076	1	20	0.000	-4.219	0.029		
二次函数	0.986	646.604	2	19	0.000	-89.538	0.040	-2.125E-7	
三次函数	0.988	481.509	3	18	0.000	-48.709	0.031	2.408E-7	-5.304E-12
幂函数	0.990	1991.913	1	20	0.000	0.006	1.151		

自变量：GDP；因变量：原铝消费量。

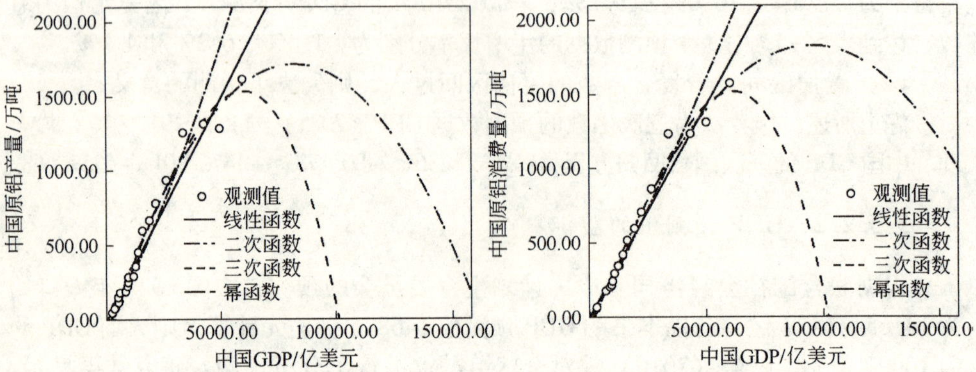

图 5-9 中国原铝产量、消费量与 GDP 的回归曲线图（预测）

根据4个不同模型，预测2025年中国原铝产量、消费量，置信度取95%，结果如表5-15所示。

表 5-15 2025 年中国原铝产量、消费量预测 （万吨）

函数	一次函数	二次函数	三次函数	幂函数
产量预测值	4397.79	594.55	-7010.28	7127.49
置信区间	[4057.02,4738.55]	[-767.52,1956.62]	[-16742.80,2722.24]	[4698.08,10813.16]
消费量预测值	4207.96	1265.25	-7133.84	5567.64
置信区间	[3865.00,4550.92]	[-207.89,2738.38]	[-17133.11,2865.44]	[4181.35,7413.55]

分析以上关于中国原铝产量、消费量的预测数据，考虑相关性、置信区间等因素，作者认为一次函数的预测数据比较理想，尚需进一步分析。

5.5.3 基于产业结构相关性模型的预测

根据5.2.2节的研究结果，假定中国2020年基本实现工业化，此时第一、二产业占GDP的比重初次下降到50%以下，用自回归分析方法，预测2025年中国第一、二产业占GDP的比重为47.47%，以此为基数进行下面的预测。

根据4.6节原铝产量、消费量与产业结构的相关性模型，以产业比重为自变量，用幂函数和S函数进行预测，回归模型主要参数见表5－16，回归曲线图见图5－10。

表5－16 中国原铝产量、消费量与产业结构相关性回归模型主要参数表

函数	模型概述					参数估计	
	R^2	F值	df_1	df_2	显著性	常数	b_1
幂函数	0.900	260.659	1	29	0.000	5.949E22	－11.281
S函数	0.917	319.994	1	29	0.000	－6.310	754.231

自变量：第一、二产业占GDP的比重；因变量：原铝产量。

函数	模型概述					参数估计	
	R^2	F值	df_1	df_2	显著性	常数	b_1
幂函数	0.917	220.249	1	20	0.000	3.085E19	－9.412
S函数	0.927	255.814	1	20	0.000	－4.191	631.262

自变量：第一、二产业占GDP的比重；因变量：原铝消费量。

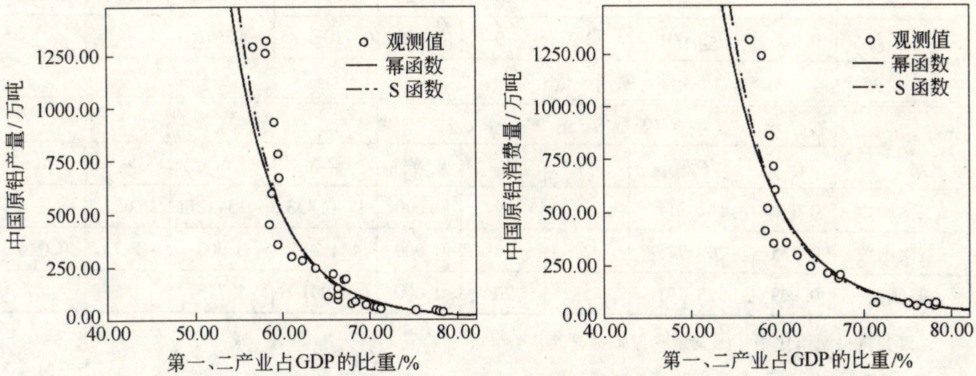

图5－10 中国原铝产量、消费量与产业结构的回归曲线图（预测）

根据不同模型，预测2025年中国原铝产量、消费量，置信度取95%，结果如表5－17所示。

表5－17 2025年中国原铝产量、消费量预测 （万吨）

函数	幂函数	S函数
产量预测值	7283.82	14445.70
置信区间	[2874.45，18457.10]	[5954.28，35046.76]
消费量预测值	5131.51	9018.40
置信区间	[2235.96，11776.80]	[4001.15，20327.05]

分析以上关于中国原铝产量、消费量的预测数据，考虑相关性、置信区间等因素，两个函数的预测结果均不理想。

5.5.4　基于城市化率相关性模型的预测

根据5.2.2节的研究结果，假定中国2020年基本实现工业化时城市化率为70%。用自回归分析方法，预测2025年中国城市化率为76.06%，以此为基数进行下面的预测。

根据4.7节原铝产量、消费量与城市化率的相关性模型，以城市化率为自变量，用二次函数、三次函数、幂函数进行预测，回归模型主要参数见表5－18，回归曲线图见图5－11。

表5－18　中国原铝产量、消费量与城市化率相关性回归模型主要参数表

函数	模型概述					参数估计			
	R^2	F值	df_1	df_2	显著性	常数	b_1	b_2	b_3
二次函数	0.958	320.638	2	28	0.000	1611.442	－126.685	2.577	
三次函数	0.971	462.045	2	28	0.000	388.184	0.000	－1.607	0.044
幂函数	0.970	949.001	1	29	0.000	6.210E－5	4.367		

自变量：城市化率；因变量：原铝产量。

函数	模型概述					参数估计			
	R^2	F值	df_1	df_2	显著性	常数	b_1	b_2	b_3
二次函数	0.938	142.814	2	19	0.000	1740.433	－134.211	2.662	
三次函数	0.955	200.778	2	19	0.000	444.244	0.000	－1.737	0.046
幂函数	0.969	633.181	1	20	0.000	0.001	3.715		

自变量：城市化率；因变量：原铝消费量。

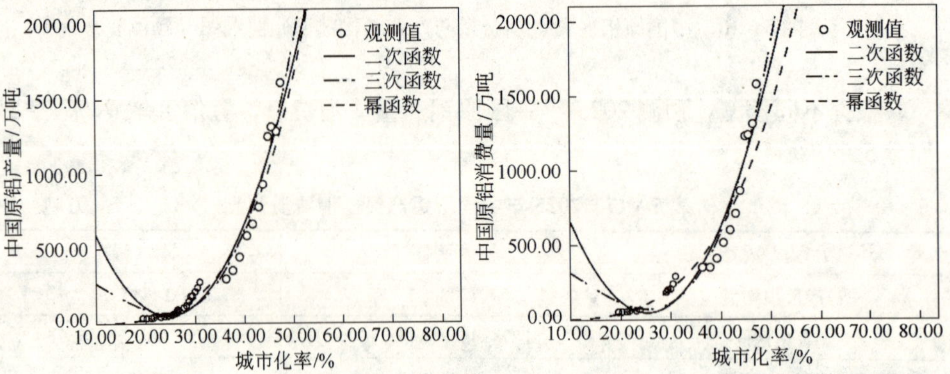

图5－11　中国原铝产量、消费量与城市化率的回归曲线图（预测）

根据不同函数，预测2025年中国原铝产量、消费量，置信度取95%，结果如表5－19所示。

表5－19 2025年中国原铝产量、消费量预测 （万吨）

函 数	二次函数	三次函数	幂函数
产量预测值	6886.89	10423.18	10179.19
置信区间	[5832.50，7941.27]	[8769.53，12076.84]	[6097.00，16994.58]
消费量预测值	6929.61	10528.33	6671.70
置信区间	[5440.85，8418.36]	[8228.64，12828.01]	[4001.04，11125.01]

分析以上关于中国原铝产量、消费量的预测数据，考虑相关性、置信区间等因素，二次函数、三次函数的预测数据比较理想，尚需进一步分析。

5.5.5 中国原铝产量、消费量预测值的确定与比较分析

5.5.5.1 预测数据确定

本章5.5.1～5.5.4节用4种不同的数学模型，预测了中国原铝产量和消费量的峰值，在对其中的负值数据进行剔除处理后，得到11组有效数据，如表5－20所示。

表5－20 2025年中国原铝产量、消费量（峰值）的预测数据

模型序号	自变量	函 数	原铝产量预测值/万吨	原铝消费量预测值/万吨	数据序号
1	自回归	二次函数	4112.02	4337.49	①
		三次函数	7130.74	7340.45	②
		复合函数	9946.65	6666.66	③
2	GDP	一次函数	4397.79	4207.96	④
		二次函数	594.55	1265.25	⑤
		幂函数	7127.49	5567.64	⑥
3	产业结构	幂函数	7283.82	5131.51	⑦
		S函数	14445.70	9018.40	⑧
4	城市化率	二次函数	6886.89	6929.61	⑨
		三次函数	10423.18	10528.33	⑩
		幂函数	10179.19	6671.70	⑪

确定预测数据的理想值时，应考虑如下因素：

（1）考虑原铝产量与消费量的相关性。根据中国原铝产量、消费量具有高度相关性（相关系数 $R=0.998$）这一特点，从表5－20的预测数据中剔除第③、

⑤、⑥、⑦、⑧、⑪组数据。因为这6组预测数据中，产量与消费量的预测值差距较大。

（2）考虑铝工业增长速度。2010年，中国原铝产量消费量在1600万吨左右，若以此数据为基数，到达第①、④组数据（4100～4400万吨，取中值4250万吨）的年复合增长率为6.6%左右，到达第②、⑨组数据（6900～7300万吨，取中值7100万吨）的年复合增长率为10.4%左右，到达第⑩组数据（10500万吨）的年复合增长率为13.3%。

中国目前处于工业化进程中的中期，即将加速进入工业化后期，中国的GDP将继续以每年8%左右的速度增长，而作为基础原材料的铝工业将高于此增长速度。中国地质矿产科学院的研究报告（2003）显示，预计未来5～10年，铝的消费仍会高于GDP增长率，保持在10.5%～12.5%的水平；未来10～30年仍会保持5%～7%的增长速度。据此，预测2025年前中国原铝消费的增长率应在8%～10%左右。

因此，作者认为，对应于增长速度为6.6%的预测数据（4250万吨左右）可能偏小，而对应于增长速度为13.3%的预测数据（10500万吨）可能偏大。

（3）考虑铝钢比的变化规律。工业和信息化部发布的《钢铁工业"十二五"（2011～2015年）发展规划》预测，中国粗钢需求峰值期可能出现在2015～2020年，峰值为7.7～8.2亿吨，此后中国钢铁需求增速将逐渐下降，进入平稳发展期。颜云云（2011）等对钢铁峰值和峰值期进行了预测，结果显示：中国钢铁工业将在2020年迎来峰值期，峰值为8亿吨左右。

若按照2020年中国粗钢产量消费量峰值为8亿吨、2025年为7.5亿吨估计，则表5－20中第①、④组数据（4250万吨左右）的铝钢比为5.7%，第②、⑨组预测数据（7100万吨左右）的铝钢比为9.5%，第⑩组数据（10500万吨）的铝钢比为14%。王祝堂（2009）研究了主要工业化国家原铝与粗钢消费的关系，结果表明：美国（2007）、德国（2003）等发达国家的铝钢比最高可达7%～10%的水平。

因此，作者认为，对应于铝钢比5.7%的预测数据（4250万吨左右）可能偏小，对应于铝钢比为14%的预测数据（10500万吨）可能偏大，而对应于铝钢比为9.5%的预测数据（7100万吨左右）较为合理。

综合上述三种情况，本书确定中国原铝产量、消费量的峰值预测数据为（7100±200）万吨。

5.5.5.2 预测数据比较分析

假设2025年中国原铝产量、消费量为7100万吨，则反推2015年的产量、消费量约为2700万吨，2020年的产量、消费量约为4600万吨。

工业和信息化部发布的《铝工业“十二五”发展专项规划》指出：综合应用弹性系数法、消费强度法、专家经验法以及线性回归模型等多种方法预测分析，预计到2015年中国原铝产量、消费量将达到2400万吨左右。日本铝业协会于2010年预测，2020年中国对原铝的需求量可达4360万吨。本书的预测数据与上述两家权威部门的预测数据相差不大。说明该预测数据具有一定合理性。

5.6 本章小结

本章以SPSS为工具，用回归分析方法，对中国实现工业化的时间，钢铁峰值期，原铝峰值期，中国原铝产量、消费量峰值进行了预测，结果如下：

（1）根据发达国家完成工业化时城市化率和产业结构的规律，预测了中国完成工业化的时间为（2020±2）年，并进行了比较验证。

（2）根据工业化国家钢铁消费规律，预测了中国钢铁峰值期为（2019±2）年，并进行了比较验证。

（3）根据工业化国家铝钢相关规律之峰值期滞后规律，预测了中国原铝峰值期为（2025±2）年，并进行了比较验证。

（4）利用自回归方法预测2025年中国的GDP约为146886亿美元，第一、二产业占GDP的比重为47.47%，城市化率为76.06%，并以此作为基数，分别运用4组数学模型，对中国2025年原铝产量、消费量进行了预测。通过对预测值的分析和讨论，本书预测中国原铝产量、消费量的峰值为（7100±200）万吨，并进行了比较验证。

6 中国铝工业可持续发展的指标体系和评价方法

6.1 指标体系的构建基础

目前，系统介绍铝工业可持续发展评价指标体系的资料比较少。本书以联合国“DSR”可持续发展模型为指导，以英国有色金属行业、欧洲铝行业、中国工业行业（企业）可持续发展指标为参考，借鉴中国有色金属及铝行业循环经济指标，尝试从中国国情出发、建立一套用于评价中国铝工业可持续发展的指标体系。

铝行业可持续发展所确定的总体目标应包括：（1）满足现代社会的需求且提供具有独一无二品质的可持续铝产品来创造价值；（2）通过以铝替代其他产品来降低对环境的影响，同时减少生产工艺过程和产品全生命周期过程的环境影响；（3）加强铝企业的社会责任，包括对员工、消费者、供应商、本地社团和社会整体的责任；（4）通过定期的参数指标汇报和实践技术交流实现持续不断的进步。因此，构建中国铝工业可持续发展评价指标时，应尽量涵盖以上内容。

6.1.1 英国有色金属行业可持续发展指标体系

6.1.1.1 导向指标的框架

英国是最早实行可持续发展战略的国家之一。继1994年发布《英国21世纪议程》可持续发展行动纲领之后，1999年5月又发布了《为了更好的生活质量：英国可持续发展战略》的政策白皮书，强调必须把节约资源、保护环境放在与发展经济同等重要的战略位置，才能实现整个社会的可持续发展。英国可持续发展战略的五大目标包括：节约利用自然资源、有效保护环境、保持高速平稳的经济增长、促进就业、提高公民的生活质量。

基于国家可持续发展战略的分析和考虑，2002年英国有色金属联盟（Non Ferrous Alliance，NFA）在贸易工业部的资助下完成了英国有色金属行业可持续发展指标体系的设计工作。该套指标是在经济可持续性、社会可持续性、环境可持续性的基本框架下（图6－1），重点从行业的经济地位、社会作用、环境影响等方面，分列多个关键问题，筛选出系列指标，对有色金属行业的发展进程进行监测与评价。

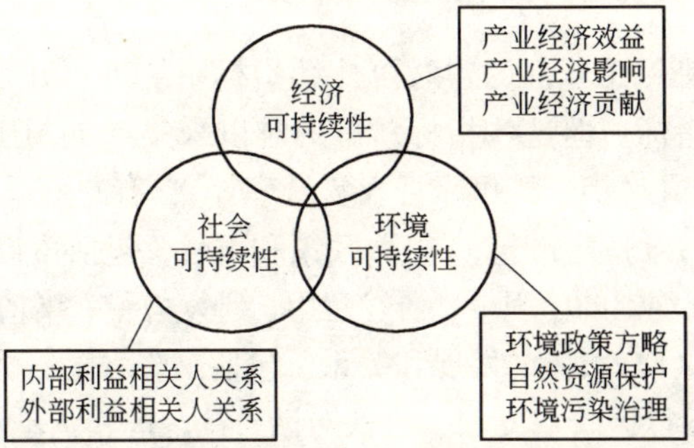

图 6-1 英国有色金属行业可持续发展导向指标的总体框架

6.1.1.2 导向指标的基本内容

英国有色金属联盟提出了一套完整的导向指标，用以评价英国有色金属行业可持续发展的状况，可在国家、行业、企业尺度上应用。这套指标发布后，对英国有色金属行业产生了积极影响，受到了英国贸易工业部、环境食品及农村事务部等部门的重视和好评。这些评价指标主要有：

（1）经济可持续性评价指标。主要有 8 个指标，分别是：1）经济增加值；2）用于扩大再生产的资本投资额；3）研发投资总额；4）英国有色金属销量占欧盟及全球市场的份额；5）各种金属或合金的销量；6）每年纳税总额；7）行业就业人数；8）员工的工资收入。

（2）社会可持续性评价指标。英国评价社会可持续发展的指标包含范围广、指标多，主要有 10 个，分别是：1）每年法院受理的偏见和歧视诉讼案件数量；2）每周工作超过 48 小时的员工数量所占比例；3）每年每个员工的受培训的时间和培训资金；4）平均工资相对于制造行业平均工资的比率；5）一年内无健康与安全事故的工作日所占比例；6）企业对利益相关人关心的问题是否有正式的书面报告；7）企业每年社会投资总量、平均服务时间等；8）每年社区对企业的投诉量；9）企业在设备方面的投资额；10）每年客户投诉量。

（3）环境可持续性评价指标。英国对环境的重视，甚至超过了对行业经济增长的重视，主要有 10 项指标，分别是：1）生产每吨金属所形成的废气排放量；2）每年新污染土地的面积数；3）企业废水违约排放的案件数量；4）回收每吨金属所形成的固体废料相对于“废料产量理论最小值”的比例；5）环境机构登记的化学品泄漏量；6）生产每吨金属的能源消费量，或某种能源的月度消费量；7）企业是否进行了 EMAS（生态管理和审计计划）或 ISO 14001 认证；8）项目是否经过环境影响评估；9）利益相关人每年可得到企业环境报告的数量；10）工厂关闭时是否有环境治理计划以复垦土地等。

6.1.2 欧洲铝业协会的可持续发展指标体系

21世纪初，欧洲铝工业部门曾对可持续指标系统进行开发，提出了国际认可程度较高的几十个指标。但这些指标，有的难以采集（如员工培训绩效、社区对话等），有的难以度量（铝土矿可靠性、复垦率等），有的不适应中国的国情。

其主要指标有：（1）生产量；（2）政策和贡献，包括可持续排放、工厂认证；（3）竞争力，包括人均铝的使用量、研发费用、研发力量、增值；（4）收入和支出，包括总收入、税收；（5）员工的发展和关系，包括工资水平、员工总数、培训绩效；（6）社区关系，包括社区费用支出、社区对话、社区健康活动；（7）健康和安全，包括死亡、重伤比例、员工健康评估等；（8）在全球的资源使用，包括铝土矿的可靠性、矿区的复垦；（9）在欧洲的资源使用，包括能源消耗、可再生资源消耗、淡水消耗；（10）废弃物排放，包括水排放、温室气体排放、氟化物排放、赤泥排放等；（11）产品的寿命周期，包括使用期、寿命结束期、寿命周期。

6.1.3 中国工业行业的可持续发展指标体系

对可持续发展能力的评价，可以用于国家、省份、区域等层面上，也可应用于行业、企业等层面上。不同行业的可持续发展能力的评价指标不尽相同。

刘丽平（2008）在研究钢铁行业的可持续发展问题时，提出了5个基本要素：资源的承载能力、区域的生产能力、环境的缓冲能力、进程的稳定能力、管理的调节能力，它们分别对应的是基础支持系统、动力支持系统、容量支持系统、过程支持系统和智力支持系统这5个系统。通过对上述5个要素的综合判断，可以衡量出钢铁行业的持续发展能力以及持续发展潜力。

胡晶姝（2007）对中国煤炭工业的可持续发展进行了评价研究，在资源、经济、社会和环境4个子系统中选取26个具体指标，建立了指标体系，并运用主成分分析法对近20年的可持续发展水平做实证分析。颉茂华（2010）对中国煤炭企业可持续发展进行了评价研究，在经济、资源和环境3个子系统中选取10个具体指标，并运用层次分析法进行了评价。

杨义蛟（2009）等运用模糊综合评价的方法，对装备制造业的可持续发展进行了评价，在经济效益、资源节约、环境友好3个方面选用了55个具体指标进行评价。赵存（2010）运用多层次模糊综合评判法对铁煤集团的可持续发展进行了评价。

朱云梅（1999）等将影响工业企业可持续发展能力的因素归纳为经济、环境、企业素质3个因素，通过原因－效应－响应的逻辑思维来构造指标。其中驱动力指标用以表征企业生产经营活动对可持续发展的影响；状态指标用以表征可持续发展过程中各系统的状态；响应指标用以表征企业为促进可持续发展进程采取的措施。

赵伟（2002）认为，工业企业可持续发展的影响因素主要有9个，分别是：

市场需求、资源、人力资源、物质技术、经济实力、创新能力、环境保护、经营管理、社会环境。

6.1.4 中国有色金属行业循环经济指标体系

中国对有色金属行业可持续发展评价的研究并不多，但有色金属工业作为发展循环经济的试点行业，曾建立了一套指标，用以反映和评价有色金属行业循环经济的发展程度和发展趋势。这些评价指标主要有：（1）工业增加值综合能源消耗，反映工业企业新创造价值所消耗能源的情况；（2）工业增加值新水消耗，反映工业企业新创造价值所消耗的水资源情况；（3）主要有色金属矿产资源产出率，指 GDP 与有色金属资源消耗总量的比值；（4）矿产资源总回收率，指从矿山开采开始，经采矿、选矿、冶炼工艺的全部生产过程中，产出的最终有色金属产品产量占消耗资源量的百分比；（5）工业土地复用率，指通过工程填土或生物措施，变成能产生经济或社会效益的有用土地面积占工业荒废土地总面积的百分比；（6）再生资源利用率，主要指铜、铝等再生金属用量占全部金属用量的比重，反映工业废旧金属循环利用的情况。

杨立宏（2008）等对铝行业循环经济评价指标体系进行了研究，主要指标有：（1）资源消耗（原材料消耗），主要包括：氧化铝单耗、氟化铝单耗、冰晶石单耗、炭块单耗等 4 个指标；（2）能源消耗，主要包括：整流效率、电流效率、直流电耗和综合交流电耗、阳极效应系数和持续时间等 4 个指标；（3）环境指标：反映污染严重程度的指标，电解铝生产过程产生的废气污染物排放、固体污染物排放等；（4）废物回收利用指标，包括废阳极和废阴极回收利用情况、废气回收和处理情况、废水循环利用情况等。

以上评价指标，对于建立中国铝行业的可持续发展评价指标体系具有一定的借鉴意义。

6.2 评价指标体系的建立

6.2.1 铝工业可持续发展的含义

铝工业可持续发展是指铝工业的发展既满足经济发展的需要，不对人类生存的环境与生态、健康与生命造成不能容忍的破坏，既满足当代人对社会、经济、环境、资源和能源的需求，又不对后代人满足其需要的能力构成危害。在 2002 年召开的中国国际铝业研讨会上，时任国际铝业协会主席的罗伯特·J·蔡斯先生在报告中指出：全球铝工业可持续发展运动代表了国际铝业协会现有活动计划的进一步发展，将着眼于显著改善全球铝工业的运行状况。铝协要求在全体会员中推行“马歇尔计划”，即会员要为全球可持续发展的连贯性做出各自的贡献。全球铝行业要实现可持续发展，必须要重点关注：（1）持续降低发生在铝生产企业中的工伤、职业病和环境污染事故；（2）为会员企业的发展作出贡献；（3）减少废物排放量，改善能源利用效率；（4）同产品供应商和产品消费者一道致力于提高产品的产量和使用范围；（5）在铝的整个循环使用周期中减少温室气体的排放量。

根据对6.1节有色金属以及铝工业可持续发展评价指标体系的研究，对中国铝工业可持续发展的内容总结如下：

（1）社会发展的可持续性：传统的铝工业是一个高能耗、高污染的行业，势必对人身健康造成损害。铝行业的可持续发展的目的是使人民生活水平得到提高，同时不对人的健康水平构成危害。

（2）经济发展的可持续性：铝工业发展的最终目的是促进社会经济健康发展。铝工业是国民经济的重要基础工业，是社会经济大系统中的一个子系统，铝工业的可持续发展，要以实现社会经济的可持续发展为目标。

（3）产业发展的可持续性：通过技术、管理等手段，促进铝工业的健康快速发展，同时，又不对其他行业的经济发展构成危害。

（4）资源利用的可持续性：指的是铝工业应谨慎对待铝土矿资源、水资源等的消耗，不仅要保证本行业长期发展的需要，又不对其他行业利用这些资源的能力构成危害。

（5）能源利用的可持续性：指的是铝工业应谨慎对待煤炭、石油、天然气、电力等能源的消耗，既要保证本行业长远发展的需要，又不对其他行业的发展能力构成危害。

（6）环境保护的可持续性：铝工业在开采、冶炼、加工、使用过程中，都与环境问题密不可分。铝工业的可持续发展就是要保证铝产品在形成和使用的整个过程中，不要对周围环境造成不能恢复的破坏，同时其产生的经济效益要大于用于治理环境的代价。

6.2.2 指标体系的建立

以联合国可持续发展委员会“DSR”模型为指导，参考英国有色金属协会、欧洲铝业协会和中国工业行业的可持续发展指标体系，借鉴中国有色金属工业和铝工业循环经济指标体系，构建符合中国国情的铝工业可持续发展评价指标体系。

本书评价指标体系的构建思路是：构建一套由目标层、准则层、领域层和指标层组成的4级阶梯层次体系，其中目标层由准则层加以反映，准则层由领域层加以反映，领域层由指标层加以反映。步骤如下：（1）首先设定目标层为中国铝工业的可持续发展。该目标在时间尺度上反映系统的发展速度和变化态势，在空间尺度上反映整体布局和结构特征，在数量上反映其总体发展规模和发展水平，在质量尺度上反映系统的综合素质、发展能力和发展潜力，在总体上反映可持续发展的能力和协调度。(2) 设定准则层为发展水平和发展协调性。(3) 根据“DSR”模型，设定领域层，即对应“驱动力 (Driver)”的领域层设定为社会发展，对应于“状态 (State)”的领域层设定为经济发展和产业发展，对应于“反应 (Response)”的领域层设定为资源协调、能源协调和环境协调。(4) 根据领域层的性质，选取能反映领域层状况的具体指标。

本书的评价指标体系包括 1 个目标层、2 个准则层、6 个领域层和 29 个指标。评价指标体系结构见表 6-1。

表 6-1 中国铝工业可持续发展能力评价指标体系

目标层	准则层	领域层	指标层	单位
铝工业可持续发展能力A	发展能力B1	社会发展 C1	从业人员 D11	人
			工人实物采矿量 D12	吨/(人·年)
		经济发展 C2	营业利润率 D21	%
			总资产报酬率 D22	%
			营业收入增长率 D23	%
			资本保值增值率 D24	%
			总资产周转率 D25	%
			资产负债率 D26	%
		产业发展 C3	铝土矿产量 D31	万吨
			氧化铝产量 D32	万吨
			原铝产量 D33	万吨
			铝材 + 铝盘条 D34	万吨
			再生铝产量 D35	万吨
	发展协调性B2	资源协调 C4	铝矿剥采比 D41	%
			氧化铝碱耗 D42	kg/t
			原铝氟化盐单耗 D43	kg/t
			原铝炭阳极单耗 D44	kg/t
			氧化铝新水单耗 D45	m^3/t
			电解铝新水单耗 D46	m^3/t
			铝材新水单耗 D47	m^3/t
		能源协调 C5	露采矿综合能耗 D51	kg 标煤/t
			氧化铝综合能耗 D52	kg 标煤/t
			电解铝综合能耗 D53	kg 标煤/t
			铝加工材综合能耗 D54	kg 标煤/t
		环境协调 C6	氧化铝粉尘 D61	kg/t
			氧化铝 SO2 D62	kg/t
			氧化铝赤泥 D63	t/t
			电解铝冶炼渣 D64	kg/t
			电解铝大修渣 D65	kg/t

6.2.3 指标体系的说明

本书提出的评价体系包含4个层级，即目标层A、准则层B、领域层C和指标层D。

（1）目标层：A=中国铝工业的可持续发展能力，包含两个准则层。

（2）准则层：B1=发展水平，B2=发展协调性。

（3）领域层：反映B1发展水平的领域包括3个：C1=社会发展，C2=经济发展，C3=产业发展；反映B2发展协调度的领域包括3个：C4=资源协调，C5=能源协调，C6=环境协调。

（4）指标层：即反映领域层的具体指标，指标层由29个具体指标组成。现就其意义分述如下。

1）社会发展（C1）领域层包含的指标有：

D11=铝工业从业人数，取当年平均值，单位：人；

D12=铝工人实物采矿量，单位：吨/（人·年）。

2）经济发展（C2）领域层包含的指标有：

D21=营业利润率，营业利润/营业收入×100%，是衡量行业获利能力的财务指标之一，单位：%；

D22=总资产报酬率，息税前利润总额/平均资产总额×100%，是衡量行业获利能力的财务指标之一，单位：%；

D23=营业收入增长率，本年营业收入增长额/上年营业收入总额×100%，是衡量行业发展能力的财务指标之一，单位：%；

D24=资本保值增值率，扣除客观因素后的本年末所有者权益总额/年初所有者权益总额×100%，是衡量行业发展能力的财务指标之一，单位：%；

D25=总资产周转率（周转次数），营业收入/平均资产总额，是衡量行业运营能力的财务指标之一，单位：%；

D26=资产负债率，负债总额/资产总额×100%，是衡量行业偿债能力的财务指标之一，单位：%。

3）产业发展（C3）领域层包含的指标有：

D31=铝土矿产量，单位：万吨；

D32=氧化铝产量，单位：万吨；

D33=原铝产量，单位：万吨；

D34=铝材+铝盘条产量，单位：万吨；

D35=再生铝产量，单位：万吨。

4）资源协调（C4）领域层包含的指标有：

D41=铝矿剥采比，采出每吨铝土矿剥离的废矿量，单位：%；

D42 = 氧化铝碱耗，每吨氧化铝的纯碱消耗量，单位：kg/t；

D43 = 原铝氟化盐单耗，每吨原铝的氟化盐消耗量，单位：kg/t；

D44 = 原铝炭阳极单耗，每吨原铝的炭阳极消耗量，单位：kg/t；

D45 = 氧化铝新水单耗，每吨氧化铝的新水消耗量，单位：m^3/t；

D46 = 电解铝新水单耗，每吨电解铝的新水消耗量，单位：m^3/t；

D47 = 铝材新水单耗，每吨铝材的新水消耗量，单位：m^3/t。

5）能源协调（C5）领域层包含的指标有：

D51 = 露采矿综合能耗，露天采出每吨铝土矿综合能耗，单位：kg 标煤/t；

D52 = 氧化铝综合能耗，生产每吨氧化铝的综合能耗，单位：kg 标煤/t；

D53 = 电解铝综合能耗，生产每吨电解铝的综合能耗，单位：kg 标煤/t；

D54 = 铝加工材综合能耗，生产每吨铝加工材的综合能耗，单位：kg 标煤/t。

6）环境协调（C6）领域层包含的指标有：

D61 = 氧化铝粉尘排放，生产每吨氧化铝的粉尘排放量，单位：kg/t；

D62 = 氧化铝 SO_2 排放，生产每吨氧化铝的 SO_2 排放量，单位：kg/t；

D63 = 氧化铝赤泥排放，生产每吨氧化铝的赤泥排放量，单位：t/t；

D64 = 电解铝冶炼渣排放，生产每吨电解铝的冶炼渣排放量，单位：kg/t；

D65 = 电解铝大修渣排放，生产每吨电解铝的大修渣排放量，单位：kg/t。

6.3 评价方法的选取

6.3.1 评价方法选取依据

对研究对象进行可持续发展评价，可分为两步：一是确定各指标的权重，二是对各评价对象进行测度并排序或评价。

（1）目前已有的指标权重确定方法主要有：主观赋权法，如层次分析法、专家评判法、模糊综合评判法；客观赋权法，如熵权法、变异系数法、多目标优化法、复相关系数法、主成分分析法；组合赋权法，如乘法合成法、线性加权组合法等。

熵权法是根据评价指标在各被评价对象之间的差异大小来确定权重的大小，能够反映指标信息熵值的效用价值，其给出的指标权重值比德尔菲法和层次分析法有较高的可信度，避免了主观性，是一种客观赋权的方法，比较适合可持续发展评价问题的研究，该方法在多目标决策中得到广泛应用。

（2）目前常用的可持续发展评价方法有：模糊综合评判法、灰色关联度法、真实储蓄法、生态足迹法、时间系列法、空间分析法等。

鉴于本书的铝工业可持续发展评价，以上评价方法不太适合。如模糊综合评判法存在权重选取偏于主观性、隶属函数的确定具有任意性、评价标准集的设定具有主观性和不确定性等缺点；灰色关联度法通过设定一个参考数列，得到各评价对象与之比较的关联度数据，以此作为评价依据；真实储蓄法中对资源环境货币化估值方法尚存争论，目前还不能广泛应用于决策过程；生态足迹分析是通过对废弃物吸收与可再生资源供给的综合衡量，适合于区域可持续发展的生态评估；时间序列法和空间分析法则不能有效地将时空结合进行综合评价。

TOPSIS 方法是通过数据变换设定评价目标的理想解和负理想解，测度各评价对象的指标值向量与正负理想解的距离（该距离为立体距离），以相对距离的远近来确定评价对象的综合得分。该方法更能客观地反映评价对象的综合得分和排序。

根据中国铝工业可持续发展的评价指标体系的实际，综合考虑各评价方法的优缺点，本书选用熵权－TOPSIS 组合方法作为评价的方法和工具。

6.3.2 熵权法确定评价指标权重

6.3.2.1 熵权法的原理

熵权法（Entropy Method）是一种根据各项指标观测值所提供的信息量的大小来确定指标权重的方法，是客观赋权法的一种。熵是热力学中的一个名词，用来表示物质微观热运动时的混乱程度。在信息论中，熵表示的是不确定性的量度，又称为平均信息量。

熵权所反映的是在给定被评价对象集后、各种评价指标值确定的情况下，各值在竞争意义上的相对激烈程度。当某项指标的指标值变异程度越大，信息熵越小，指标所包含的信息量就越大，从而该指标在综合评价中所起的作用越大，权重也就越大；反之，当某项指标的指标值变异程度越小，信息熵越大，指标所包含的信息量就越小，从而该指标在综合评价中所起的作用越小，权重越小。

根据信息论的定义，在一个信息通道中第 i 个信号出现的频率为 p_i，则这个信号传输的信息量：

$$I_i = -\ln p_i \tag{6-1}$$

如果这个信息通道中有 m 个信号，其出现频率分别为：p_1，p_2，…，p_m，则这 m 个信号的平均信息量，即熵为：

$$e_j = \sum_{i=1}^{m} p_i I_i = -\sum_{i=1}^{m} p_i \ln p_i \tag{6-2}$$

6.3.2.2 熵权法的计算步骤

利用熵的概念，计算指标权重的步骤如下：

(1) 设 X_{ij}（$i=1, 2, \cdots, m$；$j=1, 2, \cdots, n$）为第 i 个评价对象中第 j 个

指标的观测数据。对于给定的 j，X_{ij}的差异越大，表明该指标对被评价对象的影响作用越大。

（2）数据的特征比重变换。计算第 j 项评价指标下，第 i 个评价对象的特征比重：

$$p_{ij} = X_{ij}/\sum_{i=1}^{m} X_{ij} \tag{6-3}$$

如果 X_{ij}对于给定的 j 全部相等，那么 $p_{ij}=1/m$。

（3）计算第 j 项指标的熵值。

$$e_j = -\frac{1}{\ln m}\sum_{i=1}^{m} p_{ij}\ln(p_{ij}) \tag{6-4}$$

式中，$\frac{1}{\ln m}>0$，$e_j>0$。此时，如果 X_{ij}对于给定的 j 全部相等，则 $e_j=1$。特别地，当 $p_{ij}=0$ 时，$e_j=0$。因此，e_j 为介于［0，1］之间的数值。

（4）计算第 j 项指标的差异性系数。对于给定的 j，X_{ij}的差异越小，则 e_j 越大，当 X_{ij}全部相等时，$e_j=e_{\max}=1$，此时对于被评价对象间的比较，指标 X_i毫无作用；反之，X_{ij}的差异越大，则 e_j 越小，指标对于被评价对象的比较作用越大。因此，定义差异系数 $g_j=1-e_j$，g_j 越大，越应重视该指标的作用。

（5）确定权重，即取：

$$w_j = g_j/\sum_{j=1}^{n} g_j \qquad (j=1,2,\cdots,n) \tag{6-5}$$

w_j为归一化了的权重系数。

6.3.3 TOPSIS 法计算评价对象分值

6.3.3.1 TOPSIS 法的原理

TOPSIS 法（Technique for Order Preference by Similarity to Ideal Solution） 由 Wang 和 Yoon 于 1981 年首次提出，是一种多目标决策方法。运用 TOPSIS 进行综合评价的原理是：通过测度各评价对象的指标值向量与理想解和负理想解的相对距离来确定评价对象的综合得分。评价对象越接近理想解同时又越远离负理想解，则评价对象的综合评价得分越高。所谓理想解是评价对象的最佳值，即标准化指标值的最大值；所谓负理想解是评价对象的最劣值，即标准化指标值的最小值。

利用 TOPSIS 确定评价得分，对样本数量和数据的分布特征没有任何限制，相对于传统的用于评价问题的多元统计方法来说，具有分析原理直观、计算简便、对样本量要求不大等特点。

6.3.3.2 TOPSIS 法的计算步骤

（1）数据的无量纲化处理。因评价指标的不同，数据的性质、单位和数量级往往差别很大，因此，需要对原始数据进行无量纲化处理。本书采用极值法对原始数据进行无量纲化处理，公式为：

对极大值型指标：$X_{ij}^* = (X_{ij} - m_j)/(M_j - m_j)$

对极小值型指标：$X_{ij}^* = (M_j - X_{ij})/(M_j - m_j)$ （6-6）

式中，$M_j = \max\{X_{ij}\}$为第 j 项指标的最大值，$m_j = min\{X_{ij}\}$为第 j 项指标的最小值。经过无量纲化处理的数据 X_{ij}^* 是一系列介于［0，1］之间的数值。

（2）构造加权标准化矩阵。将各指标值进行标准化处理后的数据赋予权重，形成加权标准化矩阵，即：

$$V_{ij} = w_j \times X_{ij}^* \tag{6-7}$$

（3）确定理想解与负理想解。确定理想解与负理想解时，需要将原始数据变换成加权后的无量纲化数据 V_{ij}。本书采用极值法对原始数据进行无量纲化处理，因此各指标的理想解和负理想解分别为：

理想解：$V_j^+ = \max\{V_{ij}\}$；负理想解：$V_j^- = \min\{V_{ij}\}$ （6-8）

理想解就是当各评价指标出现最好值的组合 V^+，负理想解就是当各评价指标出现最差值的组合 V^-。

（4）计算正、负距离。确定被评价对象与理想解和负理想解之间的距离，一般采用多维欧氏距离（Euclidean Distance）来表示，公式为：

与理想解的距离：$D_i^+ = \sqrt{\sum_{j=1}^{n} (V_{ij} - V_j^+)^2} \quad (i = 1, 2, \cdots, m)$

与负理想解的距离：$D_i^- = \sqrt{\sum_{j=1}^{n} (V_{ij} - V_j^-)^2} \quad (i = 1, 2, \cdots, m)$ （6-9）

式中，V_{ij}，V_j^+，V_j^- 分别为加权后的无量纲化数据及其中的理想解、负理想解。

（5）计算贴近度。计算被评价对象与理想解的贴近度，并以此作为判断被评价对象优劣程度的依据。

$$C_i = \frac{D_i^-}{D_i^+ + D_i^-} \quad (i = 1, 2, \cdots, m) \tag{6-10}$$

6.4 本章小结

（1）在文献研究的基础上，以联合国可持续发展委员会“DSR”模型为指导，参考英国有色金属协会、欧洲铝业协会和中国有关工业行业的可持续发展指标体系，借鉴中国有色金属工业和铝工业循环经济指标，构建了符合中国国情的铝工业可持续发展评价指标体系。这套指标体系为 4 级阶梯状体系，包括：1 个目标层、2 个准则层、6 个领域层和 29 个具体指标。

（2）鉴于中国铝工业可持续发展指标体系的实际，考虑熵权法和 TOPSIS 法的优点，本书选取熵权－TOPSIS 组合方法作为评价的方法和工具。用熵权法确定评价指标的权重，是一种客观赋权法；用 TOPSIS 法计算评价对象的综合分值，然后对评价对象进行排序或分类。

7 中国铝工业可持续发展能力评价实证分析

7.1 中国铝工业可持续发展能力评价（时间序列）

7.1.1 评价对象、指标和方法

（1）评价对象。对“十一五”期间中国铝工业历年的可持续发展能力进行评价，即评价样本集为：X_i = {2006 年，2007 年，2008 年，2009 年，2010 年}，i = 1，2…，5。

（2）评价指标。按照第 6 章建立的中国铝工业可持续发展评价指标体系，定义评价指标集为：X_j = {从业人员 D11，工人实物采矿量 D12，营业利润率，…，电解铝大修渣排放 D65}，j = 1，2，…，29。

（3）评价方法。本案例选取熵权 - TOPSIS 模型作为评价方法，其中，熵权法用以确定各评价指标的权重，TOPSIS 方法用以确定各评价对象的优劣。

7.1.2 原始数据

根据第 6 章确定的评价中国铝工业可持续发展能力的各项指标，选取“十一五”期间 2006 ~ 2010 年的数据作为评价的原始数据，领域层 C1 ~ C5 下各指标的数据来源于《中国有色金属工业年鉴》，C6 下各指标的数据来源于代表性企业的实测数据。原始数据如表 7 - 1 所示。

表 7 - 1 各评价对象和评价指标的原始数据（X_{ij}）

领域层	指标层	单位	2006 年	2007 年	2008 年	2009 年	2010 年	指标类型
社会发展 C1	从业人员 D11	人	465021	518448	612793	588397	635335	极大值
	工人实物采矿量 D12	吨/（人·年）	400.46	587.46	4127.65	3864.83	9391.75	极大值
经济发展 C2	营业利润率 D21	%	8.06	7.85	4.12	3.95	5.19	极大值
	总资产报酬率 D22	%	15.88	16.18	9.32	7.66	9.94	极大值
	营业收入增长率 D23	%	64.80	34.99	15.60	-2.90	38.75	极大值
	资本保值增值率 D24	%	124.39	159.23	119.49	106.41	118.56	极大值
	总资产周转率 D25	%	132.83	135.88	123.12	109.50	124.50	极大值
	资产负债率 D26	%	66.20	59.24	61.93	62.83	63.87	理想值

续表 7－1

领域层	指 标 层	单位	2006 年	2007 年	2008 年	2009 年	2010 年	指标类型
产业发展C3	铝土矿产量 D31	万吨	1898.16	2044.60	2517.69	2921.31	3683.72	极大值
	氧化铝产量 D32	万吨	1369.98	1947.32	2278.41	2380.51	2906.49	极大值
	原铝产量 D33	万吨	935.84	1258.83	1317.82	1289.05	1624.41	极大值
	铝材＋铝盘条产量 D34	万吨	917.97	1303.23	1665.27	1678.28	2081.27	极大值
	再生铝产量 D35	万吨	235.00	275.00	260.00	310.00	400.00	极大值
资源协调C4	铝矿剥采比 D41	%	5.01	4.48	4.33	2.75	2.75	极小值
	氧化铝碱耗 D42	kg/t	88.72	107.21	123.21	120.87	147.28	极小值
	原铝氟化盐单耗 D43	kg/t	26.57	25.58	23.22	22.37	21.88	极小值
	原铝炭阳极单耗 D44	kg/t	513.7	512.93	500.55	497.43	498.63	极小值
	氧化铝新水单耗 D45	m^3/t	5.00	4.28	3.49	2.78	2.70	极小值
	电解铝新水单耗 D46	m^3/t	6.00	5.36	4.38	3.75	3.19	极小值
	铝材新水单耗 D47	m^3/t	13.99	15.15	12.71	15.9	12.18	极小值
能源协调C5	露采矿综合能耗 D51	kg 标煤/t	12.37	9.36	7.04	4.00	2.49	极小值
	氧化铝综合能耗 D52	kg 标煤/t	802.66	868.11	794.41	631.27	590.63	极小值
	电解铝综合能耗 D53	kg 标煤/t	1885.26	1881.05	1801.39	1764.49	1748.28	极小值
	铝加工材综合能耗 D54	kg 标煤/t	538.78	450.56	450.56	409.94	390.84	极小值
环境协调C6	氧化铝粉尘排放 D61	kg/t	3.43	1.77	2.43	1.73	1.04	极小值
	氧化铝 SO_2 排放 D62	kg/t	2.63	3.8	4.21	2.30	3.21	极小值
	氧化铝赤泥排放 D63	t/t	1.30	1.53	1.46	1.35	1.27	极小值
	电解铝冶炼渣排放 D64	kg/t	10.20	12.10	7.80	1.90	9.60	极小值
	电解铝大修渣排放 D65	kg/t	2.60	3.20	3.10	1.00	2.70	极小值

注：1. 表中 D11 为年度平均从业人员数据；
2. D21～D26 为依据 6.2 节的公式计算所得；
3. D45（2006 年）、D46（2006 年）、D51（2009 年）的数据为估算数据；
4. D47（2006 年）、D62（2009 年）的数据为其他年份平均数据。

表 7－1 中指标 D23 和 D26 的原始数据属于特殊数据，需预先进行修正和处理。

（1）指标 D23（营业收入增长率）的修正。该指标在 2009 年的数据为 －2.9%，根据熵权法确定权重的公式，所有原始数据须满足：$X_{ij} \geqslant 0$，因此，对 D23 指标修正。令：$X_i' = X_i + 2.9$ 得修正值（表 7－2），并用 X_i' 作为原始数据，与其他原始数据一并进行处理和运算。

（2）指标 D26（资产负债率）的修正。该指标为理想值型指标，在进行无量纲化处理前，先计算每一个原始数据与理想值 60% 之间的距离（表 7－3），并将该指标作为极小值型指标对待，进行相应的无量纲化处理。

表 7－2 对指标 D23 原始数据的修正处理

指 标	2006 年	2007 年	2008 年	2009 年	2010 年
X_i（D23）	64.80	34.99	15.60	－2.90	38.75
X_i'（D23）	67.70	37.89	18.50	0.00	41.65

表 7－3 对指标 D26 原始数据的修正处理

资产负债率 D26	2006 年	2007 年	2008 年	2009 年	2010 年
原始数据	66.20	59.24	61.93	62.83	63.87
与理想值 60% 的距离	6.20	0.76	1.93	2.83	3.87

7.1.3 分步法评价过程

本案例的评价过程采用分步法和一步法两种方法进行。用分步法进行评价的思路是：逐级计算指标层、领域层、准则层分别对上一级的权重，继而得到基于6个领域层、2个准则层和1个目标层的评价结果。一步法评价是在计算指标层对目标层的权重后，直接对目标层进行评价，因而只得到基于目标层的评价结果，而不能得到基于准则层、领域层的评价结果。

（1）原始数据的无量纲化处理。用极值法对原始数据进行无量纲化处理。原始数据（含变换后的资产负债率）经过无量纲化处理的数据记为 X_{ij}^*。

对极大值型指标：$X_{ij}^* = (X_{ij} - m_j)/(M_j - m_j)$

对极小值型指标：$X_{ij}^* = (M_j - X_{ij})/(M_j - m_j)$

其中，$M_j = \max\{X_{ij}\}$ 为第 j 项指标的最大值，$m_j = \min\{X_{ij}\}$ 为第 j 项指标的最小值。经过无量纲化处理后，所有数据均在［0，1］区间中，且其指标性质变为极大值型指标。

（2）确定指标层对领域层的权重。

1）对原始数据进行特征比重转换。根据公式 $P_{ij} = X_{ij}/\sum_{i=1}^{m} X_{ij}$ 对原始数据进行特征比重变换，得特征比重值 P_{ij}。

2）熵值和偏差值的计算。根据公式 $e_j = -\frac{1}{\ln m}\sum_{i=1}^{m} p_{ij}\ln(p_{ij})$ 计算各指标的熵值，其中，$m=5$。根据公式 $g_j = 1 - e_j$ 计算各指标的偏差值。

3）确定指标层对于领域层的权重。根据公式 $w_j = g_j/\sum_{j=1}^{n} g_j$，计算得到指标层的各指标对于领域层的权重 w_{DC}，计算结果见表 7－4。

（3）确定领域层对准则层的权重。按照（2）中的方法和步骤，分别计算：

1）领域层6个指标的数据，即对各领域层下的无量纲化数据进行加权求和；2）领域层6个指标数据的特征比重值；3）领域层6个指标的熵值和偏差值；4）领域层6个指标对于准则层的权重。计算结果见表7－5。

表7－4 指标层对于领域层的权重（w_{DC}）

目标层	准则层	领域层	指标层	g_j	$\sum g_j$	w_{DC}	$\sum w_j$
铝工业可持续发展能力A	发展能力B1	社会发展C1	从业人员D11	0.004	0.258	0.015	1.000
			工人实物采矿量D12	0.254		0.985	
		经济发展C2	营业利润率D21	0.029	0.260	0.111	1.000
			总资产报酬率D22	0.028		0.107	
			营业收入增长率D23	0.195		0.752	
			资本保值增值率D24	0.006		0.023	
			总资产周转率D25	0.002		0.007	
			资产负债率D26	0.000		0.000	
		产业发展C3	铝土矿产量D31	0.018	0.078	0.232	1.000
			氧化铝产量D32	0.018		0.232	
			原铝产量D33	0.009		0.117	
			铝材＋铝盘条产量D34	0.021		0.275	
			再生铝产量D35	0.011		0.144	
	发展协调性B2	资源协调C4	铝矿剥采比D41	0.019	0.066	0.285	1.000
			氧化铝碱耗D42	0.008		0.128	
			原铝氟化盐单耗D43	0.002		0.027	
			原铝炭阳极单耗D44	0.000		0.000	
			氧化铝新水单耗D45	0.018		0.271	
			电解铝新水单耗D46	0.016		0.241	
			铝材新水单耗D47	0.003		0.048	
		能源协调C5	露采矿综合能耗D51	0.083	0.094	0.884	1.000
			氧化铝综合能耗D52	0.007		0.074	
			电解铝综合能耗D53	0.000		0.000	
			铝加工材综合能耗D54	0.004		0.042	
		环境协调C6	氧化铝粉尘排放D61	0.046	0.169	0.271	1.000
			氧化铝SO_2排放D62	0.015		0.089	
			氧化铝赤泥排放D63	0.002		0.010	
			电解铝冶炼渣排放D64	0.070		0.412	
			电解铝大修渣排放D65	0.037		0.218	

表 7-5　领域层对于准则层的权重（w_{CB}）

目标层	准则层	领域层	g_j	Σg_j	w_{CB}	Σw_j
铝工业可持续发展能力 A	发展能力 B1	社会发展 C1	0.343	0.736	0.463	1.000
		经济发展 C2	0.201		0.270	
		产业发展 C3	0.198		0.267	
	发展协调性 B2	资源协调 C4	0.094	0.379	0.248	1.000
		能源协调 C5	0.177		0.467	
		环境协调 C6	0.108		0.285	

（4）确定准则层对目标层的权重。按照（2）中的方法和步骤，分别计算：1）准则层 2 个指标的数据，即对各准则层下的数据进行加权求和；2）准则层 2 个指标数据的特征比重值；3）准则层 2 个指标的熵值和偏差值；4）准则层 2 个指标对于准则层的权重。计算结果见表 7-6。

表 7-6　准则层对于目标层的权重（w_{BA}）

目标层	准则层	g_j	Σg_j	w_{BA}	Σw_j
可持续发展能力 A	发展能力 B1	0.076	0.195	0.390	1.000
	发展协调性 B2	0.119		0.610	

（5）对领域层进行评价。

1）构建加权规范化数据。按照公式 $V_{ij}=w_j \times X_{ij}^*$，此处 w_j 用指标层对领域层的权重 w_{DC}，对无量纲化数据进行加权，形成加权规范化矩阵数据 V_{ij}。

2）确定各评价指标的理想解与负理想解。根据对极大值型、极小值型和理想解型三种类型的指标进行无量纲化处理的公式得知，原始数据经无量纲化处理后，为一系列介于［0，1］之间的数据，且指标性质变为极大值型指标。因此，各指标的理想解 $V_j^+=\max\{V_{ij}\}$；负理想解 $V_j^-=\min\{V_{ij}\}$。

3）对领域层的评价。确定各领域层与理想解和负理想解的距离：

根据公式 $D_i^+=\sqrt{\sum_{j=1}^{n}(V_{ij}-V_j^+)^2}$ 和 $D_i^-=\sqrt{\sum_{j=1}^{n}(V_{ij}-V_j^-)^2}$　$(i=1,2,\cdots,m)$ 分别计算各领域层与理想解和负理想解之间的距离，结果见表 7-7。根据公式 $C_i=\dfrac{D_i^-}{D_i^+ + D_i^-}$ 计算各领域层与理想解的贴近度，并对其进行排序，结果见表 7-8。

（6）对准则层进行评价。按照（5）中的方法和步骤，1）生成加权（w_{CB}）的各领域层无量纲化数据；2）确定理想解和负理想解；3）计算各准则层与理想解和负理想解之间的距离；4）计算贴近度并进行排序。结果见表 7-9。

表 7-7 各领域层与理想解和负理想解的距离

距 离	领域层	2006 年	2007 年	2008 年	2009 年	2010 年
与理想解的距离 $D+$	社会发展 C1	0.985	0.964	0.576	0.605	0.000
	经济发展 C2	0.016	0.331	0.563	0.768	0.310
	产业发展 C3	0.467	0.343	0.245	0.186	0.000
	资源协调 C4	0.462	0.347	0.254	0.098	0.128
	能源协调 C5	0.887	0.619	0.411	0.136	0.000
	环境协调 C6	0.460	0.479	0.365	0.078	0.357
与负理想解的距离 $D-$	社会发展 C1	0.000	0.021	0.408	0.380	0.985
	经济发展 C2	0.767	0.447	0.207	0.001	0.464
	产业发展 C3	0.000	0.142	0.246	0.285	0.467
	资源协调 C4	0.130	0.150	0.251	0.437	0.464
	能源协调 C5	0.017	0.271	0.478	0.752	0.888
	环境协调 C6	0.122	0.189	0.208	0.513	0.297

表 7-8 各领域层与理想解的贴近度和优劣程度排序

领 域 层		2006 年	2007 年	2008 年	2009 年	2010 年
社会发展 C1	贴近度	0.000	0.021	0.415	0.385	1.000
	排序	5	4	2	3	1
经济发展 C2	贴近度	0.980	0.575	0.268	0.001	0.600
	排序	1	3	4	5	2
产业发展 C3	贴近度	0.000	0.293	0.501	0.604	1.000
	排序	5	4	3	2	1
资源协调 C4	贴近度	0.219	0.302	0.497	0.817	0.784
	排序	5	4	3	1	2
能源协调 C5	贴近度	0.018	0.304	0.538	0.847	1.000
	排序	5	4	3	2	1
环境协调 C6	贴近度	0.210	0.283	0.363	0.867	0.454
	排序	5	4	3	1	2

表 7-9 各准则层与理想解的贴近度和优劣程度排序

准 则 层		2006 年	2007 年	2008 年	2009 年	2010 年
发展能力 B1	贴近度	0.331	0.282	0.401	0.374	0.821
	排序	4	5	2	3	1
发展协调性 B2	贴近度	0.006	0.248	0.461	0.867	0.798
	排序	5	4	3	1	2

（7）对目标层进行评价。按照（5）中的方法和步骤，1）生成加权（w_{BA}）的各准则层无量纲化数据；2）确定理想解和负理想解；3）计算目标层与理想解和负理想解之间的距离；4）计算贴近度并进行排序。结果见表 7－10。

表 7－10　目标层与理想解的贴近度和优劣程度排序

目标层		2006 年	2007 年	2008 年	2009 年	2010 年
可持续发展能力 A	贴近度	0.000	0.190	0.413	0.689	0.950
	排序	5	4	3	2	1

综上所述，各领域层、准则层、目标层的评价结果如图 7－1 所示。

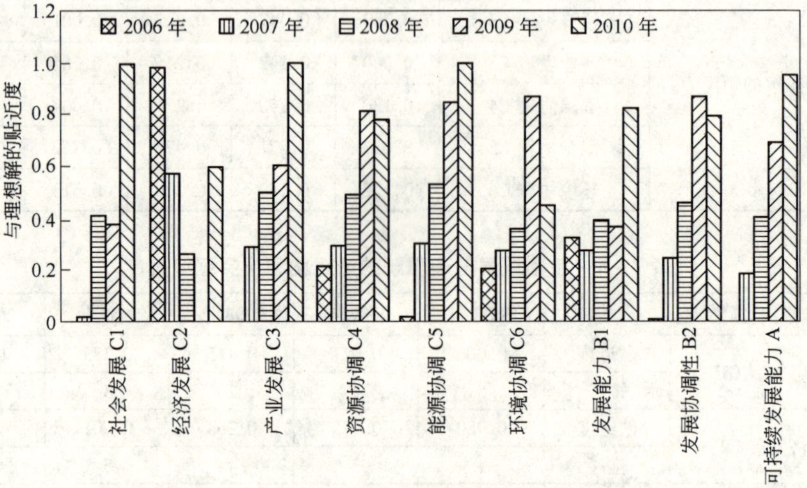

图 7－1　各领域层、准则层、目标层的评价结果图

7.1.4　一步法评价过程

一步法评价过程如下：

（1）确定指标层对目标层的权重，根据公式 $w_{DA} = w_{DC} \cdot w_{CB} \cdot w_{BA}$ 计算出指标层对目标层的权重，见表 7－11。

（2）构建加权规范化数据，并确定各评价指标的理想解与负理想解，见表7－12。

（3）确定目标层与理想解和负理想解的距离，并排序，见表 7－13。

7.1.5　评价结果

以上用分步法和一步法两种方法对目标层进行评价，评价结果是一致的，评价对象的优劣排序见表 7－14，即在“十一五”期间，中国铝工业可持续发展能力随着年份的递增，逐渐增强。

表 7-11 指标层对目标层的权重 w_{DA}

目标层	准则层	领域层	指标层	w_{DC}	w_{CB}	w_{BA}	w_{DA}
铝工业可持续发展能力A	发展能力B1	社会发展C1	从业人员D11	0.015	0.463	0.390	0.0027
			工人实物采矿量D12	0.985			0.1779
		经济发展C2	营业利润率D21	0.111	0.270		0.0117
			总资产报酬率D22	0.107			0.0113
			营业收入增长率D23	0.752			0.0792
			资本保值增值率D24	0.023			0.0024
			总资产周转率D25	0.007			0.0007
			资产负债率D26	0.000			0.0000
	发展协调性B2	产业发展C3	铝土矿产量D31	0.232	0.267	0.610	0.0242
			氧化铝产量D32	0.232			0.0242
			原铝产量D33	0.117			0.0122
			铝材+铝盘条产量D34	0.275			0.0286
			再生铝产量D35	0.144			0.0150
		资源协调C4	铝矿剥采比D41	0.285	0.248		0.0431
			氧化铝碱耗D42	0.128			0.0194
			原铝氟化盐单耗D43	0.027			0.0041
			原铝炭阳极单耗D44	0.000			0.0000
			氧化铝新水单耗D45	0.271			0.0410
			电解铝新水单耗D46	0.241			0.0365
			铝材新水单耗D47	0.048			0.0073
		能源协调C5	露采矿综合能耗D51	0.884	0.467		0.2518
			氧化铝综合能耗D52	0.074			0.0211
			电解铝综合能耗D53	0.000			0.0000
			铝加工材综合能耗D54	0.042			0.0120
		环境协调C6	氧化铝粉尘排放D61	0.271	0.285		0.0471
			氧化铝 SO_2 排放D62	0.089			0.0155
			氧化铝赤泥排放D63	0.010			0.0017
			电解铝冶炼渣排放D64	0.412			0.0716
			电解铝大修渣排放D65	0.218			0.0379
权重求和				6.000	2.000	1.000	1.0000

表 7－12 指标层的加权（w_{DA}）无量纲化数据及其正负理想解

领域层	指标层	2006 年	2007 年	2008 年	2009 年	2010 年	理想解 V^+	负理想解 V^-
社会发展 C1	从业人员 D11	0.000	0.001	0.002	0.002	0.003	0.003	0.000
	工人实物采矿量 D12	0.000	0.004	0.074	0.068	0.177	0.177	0.000
经济发展 C2	营业利润率 D21	0.012	0.011	0.000	0.000	0.003	0.012	0.000
	总资产报酬率 D22	0.011	0.011	0.002	0.000	0.003	0.011	0.000
	营业收入增长率 D23	0.079	0.044	0.022	0.000	0.049	0.079	0.000
	资本保值增值率 D24	0.001	0.002	0.001	0.000	0.001	0.002	0.000
	总资产周转率 D25	0.001	0.001	0.000	0.000	0.000	0.001	0.000
	资产负债率 D26	0.000	0.000	0.000	0.000	0.000	0.000	0.000
产业发展 C3	铝土矿产量 D31	0.000	0.002	0.009	0.014	0.025	0.025	0.000
	氧化铝产量 D32	0.000	0.009	0.014	0.015	0.024	0.024	0.000
	原铝产量 D33	0.000	0.006	0.007	0.006	0.012	0.012	0.000
	铝材＋铝盘条产量 D34	0.000	0.009	0.018	0.019	0.029	0.029	0.000
	再生铝产量 D35	0.000	0.004	0.002	0.007	0.015	0.015	0.000
资源协调 C4	铝矿剥采比 D41	0.000	0.010	0.013	0.043	0.043	0.043	0.000
	氧化铝碱耗 D42	0.019	0.013	0.008	0.009	0.000	0.019	0.000
	原铝氟化盐单耗 D43	0.000	0.001	0.003	0.004	0.004	0.004	0.000
	原铝炭阳极单耗 D44	0.000	0.000	0.000	0.000	0.000	0.000	0.000
	氧化铝新水单耗 D45	0.000	0.013	0.027	0.040	0.041	0.041	0.000
	电解铝新水单耗 D46	0.000	0.008	0.021	0.029	0.036	0.036	0.000
	铝材新水单耗 D47	0.004	0.001	0.006	0.000	0.007	0.007	0.000
能源协调 C5	露采矿综合能耗 D51	0.000	0.077	0.136	0.214	0.252	0.252	0.000
	氧化铝综合能耗 D52	0.005	0.000	0.005	0.017	0.020	0.020	0.000
	电解铝综合能耗 D53	0.000	0.000	0.001	0.001	0.001	0.001	0.000
	铝加工材综合能耗 D54	0.000	0.007	0.007	0.010	0.012	0.012	0.000
环境协调 C6	氧化铝粉尘排放 D61	0.000	0.033	0.020	0.034	0.047	0.047	0.000
	氧化铝 SO_2 排放 D62	0.013	0.003	0.000	0.015	0.008	0.015	0.000
	氧化铝赤泥排放 D63	0.001	0.000	0.000	0.001	0.002	0.002	0.000
	电解铝冶炼渣排放 D64	0.013	0.000	0.030	0.072	0.018	0.072	0.000
	电解铝大修渣排放 D65	0.010	0.000	0.002	0.038	0.009	0.038	0.000

表 7-13 目标层的正负距离、贴近度和优劣程度排序

目标层	2006 年	2007 年	2008 年	2009 年	2010 年
正距离 $D+$	0.330	0.271	0.185	0.144	0.073
负距离 $D-$	0.086	0.100	0.167	0.253	0.329
贴近度 C_i	0.206	0.269	0.475	0.637	0.819
排序	5	4	3	2	1

表 7-14 中国铝工业可持续发展能力的优劣程度

可持续发展能力排序	1	2	3	4	5
年 份	2010 年	2009 年	2008 年	2007 年	2006 年

7.2 本章小结

（1）本章以熵权-TOPSIS 作为评价方法，对时间断面和时间序列两类情况的可持续发展能力进行了评价。熵权法对评价指标进行赋权，是一种客观赋权法，避免了专家评分法等其他主观方法的缺点；TOPSIS 是一种多维度、以距离理想解的贴近度为依据的评判方法，较为客观，在很多领域得到广泛应用。

（2）以“十一五”各年份为时间序列，对中国铝工业可持续发展能力进行了评价。用分步法分别对领域层、准则层、目标层进行了评价，结果显示：在社会发展、经济发展、产业发展、资源协调、能源协调和环境协调 6 个领域层中，评价结果最优的年份分别是：2010 年、2006 年、2010 年、2009 年、2010 年和 2009 年；在发展能力、发展协调性 2 个准则层中，评价结果最优的年份分别是：2010 年、2009 年；在目标层评价中，评价结果优劣程度排序是：2010 年、2009 年、2008 年、2007 年、2006 年。用一步法评价得到了相同的结果。说明：在“十一五”期间，随时间的延续，中国铝工业可持续发展能力是持续增强的。

8 中国铝工业可持续发展战略建议

铝不仅是一种具有优良性能的金属材料，而且是一种可永久储存“能源+资源”的载体，呈现出优异的可持续性能。金属铝在生产领域和应用领域具有正、负两个方向的可持续性能，一方面，传统铝工业生产过程伴随着不可再生资源和能源的大量消耗，以及对生态环境的严重影响；另一方面，当铝离开生产领域进入应用领域时，成为一种富集大量能量的载体，在多次高度再生和循环应用中，大幅度减少了对资源和能源的依赖，总体上可以抹平生产过程在环境方面留下的痕迹。

国家工业和信息化部在2012年8月召开的“促进铝应用高层论坛”上表示，“十一五”期间，中国铝工业保持持续快速发展，在结构调整、自主创新、节能减排等方面取得长足进步，但中国铝工业仍存在着高精尖铝材技术创新能力不足、电解铝产能过剩、节能减排任务艰巨、产业布局不合理等突出问题。中国铝工业产业结构是“两头弱、中间过剩”，原料缺乏，高档加工材产品品种、质量、产量严重不足，使得中国是世界铝工业大国但不是强国。世界铝工业的发展趋势是：按照可持续发展和循环经济理论，重新构建现代铝工业格局，谋求铝工业的可持续发展。综上所述，对中国铝工业的可持续发展提出如下几方面建议。

8.1 资源

中国铝土矿资源贫乏、品味不高，且电解铝发展过快、消耗过大，是导致中国铝工业原料缺乏的主要原因。为此，我们要树立资源全球化的观念，通过国内外资源的勘探、开发，有效增加国内资源储量及境外权益资源量，利用好国内外两个资源，开发好国内外两个市场。

（1）利用当前国外出现的良好矿业投资环境，参与国际矿业的合作和竞争，最大限度地利用国外铝土矿资源，如可到南美、南非、澳大利亚等寻求合作。

（2）进一步加强国内重点成矿地带的普查与勘探，增加资源储量。加强铝土矿资源的保护性开发，加强技术研发，采用新工艺，提高铝土矿资源的利用率。在资源丰富的贵州、山西、广西等省区以及境外建设原料基地。

（3）按照减量化、再利用、资源化的原则，建设以提高资源产出效率和提高资源保障为目标的铝工业循环经济项目。积极利用废铝资源，推进节能减排，把污染化为有用资源，变废为宝，延长矿山服务年限。

（4）实行必要的铝资源战略储备。

8.2 能源

原生铝工业是耗能大户，其电力消耗占有色金属系统的80%，占全国电耗的5%，能源业已成为铝工业可持续发展的瓶颈之一，也是令中国铝产品成本高居不下、缺乏国际市场竞争力的主要原因之一。国际上原铝生产中约有67%用的是清洁的水电资源，如加拿大、巴西、委内瑞拉、挪威等100%用水电，俄罗斯75%用水电，美国70%用水电。主要电解铝生产国的能源结构见表8－1。

在中国当前的能源结构情况下，建议开发丰富的水电资源，用水电发展铝工业，不仅节约煤炭、石油和天然气等石化能源，且降低二氧化碳排放，减轻环保压力，减少环保支出，有利于中国铝工业的可持续发展。

表8－1　主要电解铝生产国的能源结构

国　别	电力结构	氧化铝
美国	70%以上水电，其余为煤电等	1943年前主要用国内资源，1943年后转为依赖进口资源
前苏联	水电占75%，火电占25%	国内铝土资源品位不高，大量进口国外资源
西欧	火电为主，法、荷等国核电比重较大	进口为主
挪威	水电为主，部分天然气发电	进口
加拿大	水电	进口
智利	水电	进口
扎伊尔	水电	进口
印度尼西亚	水电	进口
巴西	水电	自产
委内瑞拉	水电	自产
苏里南	水电	自产
阿联酋	天然气发电	进口
巴林	天然气发电	进口
冰岛	地热发电、水电	进口
牙买加	进口天然气发电	自产
澳大利亚	火电为主	自产
印度	火电为主	自产
南非	火电	进口
中国	82%煤电	自产、进口

8.3 环境

环境问题贯穿于铝工业产业链各主要环节，是继资源和能源之后决定铝工业发展的制约性因素。建议如下：

（1）加大再生铝产量，借助金属铝的可循环使用特性，提高总效率，降低对环境的污染和破坏。国家应鼓励废铝回收静脉产业的发展，建立和完善铝回收系统，鼓励建立再生铝企业，逐步提高再生铝利用率。实现规模化的赤泥综合利用和高铝煤炭资源开发利用。

（2）深入实施节能减排工程，推广应用氧化铝生产过程余热回收利用、新型阴极结构铝电解槽等低电压高效铝电解等技术，提高产业技术装备水平，降低物耗和能耗。实施循环经济工程，加强资源综合利用，完善再生资源回收体系，推进建设铝工业循环经济项目，支持建设若干资源基础雄厚、产业链完整、资源高效利用、环境友好的铝新型工业化示范基地。

（3）通过立法、税收和政策调控等手段，提高环境保护标准，征收资源税、能源税和 CO_2 排放费，使传统铝工业实现转型，促进铝行业有序的发展。

8.4 生产加工

铝工业竞争的焦点主要集中在高精度、高品质的精深加工产品上，主要是板带箔型材。精深加工产品主要是指交通、建筑、包装、航空航天、电子、国防军工等领域需要的质量、性能和技术含量及附加值高的产品，如表面质量、尺寸精度、板型及性能方面达到了较高标准的高精度铝板带箔，较高技术含量的异型材、复合材料以及特种性能的铝合金等。中国高档深加工产品不足的原因主要是中国铝加工业自身技术、装备研发实力不强。“十二五”期间，大力发展精深加工是铝工业的主要任务之一。因此，建议如下：

（1）研究铝液净化、晶粒细化、铸造、轧制、挤压、锻压、表面处理等环节的先进技术，探讨各种高端铝产品的加工技术，达到节能、降耗、环境友好的目标。

（2）引进国外先进的加工制造装备，提高生产能力，提高生产精度和产品质量，提高加工精度和质量，不断满足国际、国内对高端铝产品的需要。

（3）掌握高端铝材核心关键技术，加速高端铝材产业化，延伸产业链，满足战略性新兴产业及国家重大工程需求。依托铝加工企业，发展铝精深加工部件，鼓励生产加工一体化；在消费集中地，有序发展特色鲜明的铝精深加工产业基地，为下游装备及制造业提供部件；积极发展新型建筑节能铝合金门窗等产品。

8.5 技术创新

“科学技术是第一生产力”，技术创新仍然是保持铝工业可持续发展的强大的推动力。

(1) 重点研究和推广低品位铝土矿生产氧化铝高效节能技术、氧化铝生产过程余热回收利用技术、新型阴极结构铝电解槽等低电压高效铝电解技术、电解铝液直接制备合金锭坯等短流程加工制造技术、赤泥综合利用技术、废铝回收和再生技术，着力突破制约铝工业发展的核心关键技术和共性基础技术。

(2) 加强企业与高等院校和科研单位的合作。产学研合作的重点应是中长期研究开发，以及有市场前景的新产品开发，侧重于对重大的、超前的科研项目进行研究开发，重视引进技术的消化、吸收和创新，充分利用世界先进技术成果进行综合集成和应用开发，形成有自主知识产权的主导产品和核心技术。

(3) 加强信息化建设。充分发挥信息化技术在铝电解、深加工、节能减排等领域技术进步的关键作用，提高铝工业生产智能化和管理信息化水平。以建成先进、敏捷、高效、准确、全球化的现代信息化为目标，积极应用 CAD、CAM、ERP、财务管理系统等先进的管理应用软件，促进企业人、财、物和技术资源的优化，增强企业在发展方向选择、产品市场定位、投资项目实施等重大问题上的正确决策能力。

8.6 产业布局

根据世界铝工业发展规律和中国铝工业发展现状，加快产业布局的调整，实现铝工业的可持续发展。

(1) 加速实现“两个转移”。

1) 区域转移：整体规划和布局，继续实现铝工业市场区域向具有资源、能源优势的地区转移。在总量控制前提下，积极引导能源短缺地区电解铝产能向能源资源丰富的西部地区有序转移。鼓励加快在境外建设氧化铝及电解铝产业园区。

2) 重心转移：促进中国铝工业的重心由原生铝向再生铝转移，以节省能源，并减少对环境的污染。充分利用国内外废杂铝资源建设规模化的再生铝基地。

结合不同省份的工业发展特点，进行分类指导。如：具有资源、能源优势的地区，在做好环境保护的基础上，加快产业发展；不具备资源、能源优势，但原铝消费量大的经济发达地区和直辖市，加强废旧金属的回收，发展再生产业。

(2) 推进“煤（水）－电－铝－加”生产模式。这是一种符合循环经济发展原理的铝工业可持续发展模式，此生产模式可以充分地循环利用资源，减少能量消耗，降低环境污染。该生产模式由于具有较好的经济社会效应，被国内许多铝工业企业，如神火集团、河南豫港龙泉、湖北华盛等公司在实践中广泛采用。

（3）提高铝企业集中度。按政府引导、企业自愿、市场化运作的原则，结合优化布局，支持优势大型骨干企业开展跨地区、跨所有制联合重组。支持区域内企业联合重组，提高产业集中度。充分发挥中铝公司、中电投集团等大型企业的带动作用，形成若干家具有核心竞争力和国际影响力的企业集团。

按照市场经济机制，加快调整产业结构，走大型化、集团化和专业化发展路子，大力改善企业结构。鼓励电解铝企业由扩大生产规模转向提高产业集中度转变，由“做大”向“做强”转变，与上下游企业进行联合重组，提高核心竞争力。

（4）积极调整产业链。转变铝工业增长方式，鼓励直接利用电解铝液生产锭坯或其他铝加工产品，提高电解铝液直接铸造铸锭的比例，做到经济效益和社会效益的双赢。建立和完善高电价地区电解铝产能退出机制，逐步推进城市铝冶炼企业转型或环保搬迁。图 8 -1 为铝工业发展循环经济主产业和延长产业链示意图。

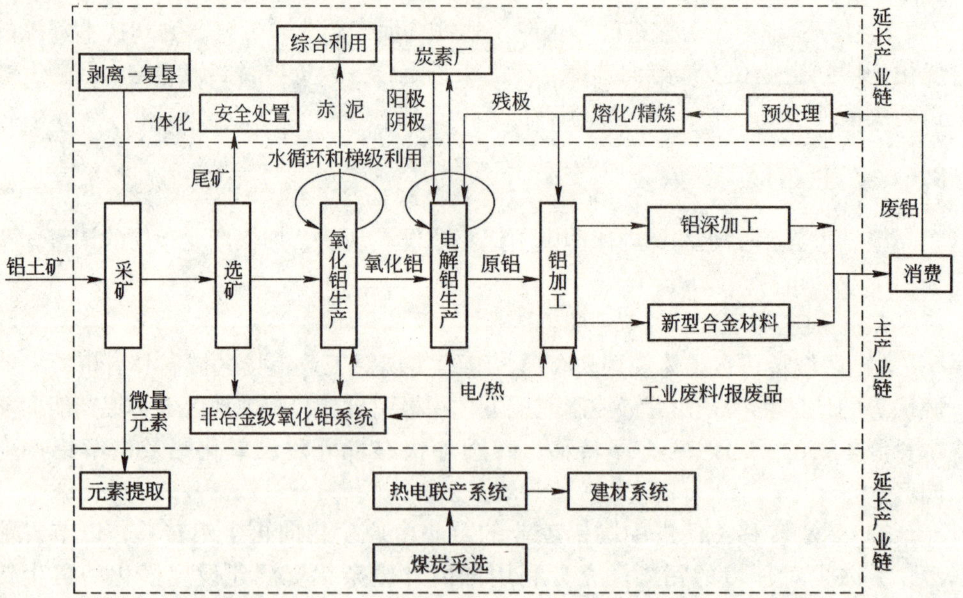

图 8 -1 铝工业发展循环经济主产业和延长产业链示意图

8.7 开发应用

扩大铝的应用是铝工业发展循环经济、实现可持续发展的必经之路。金属铝已经超越了传统意义上重量轻、资源丰富和可回收再生等优越性能，正在成为一种“绿色”的基础材料，与全球可持续发展理念相呼应，在未来20年，为高新产品提供基础材料方面，在所有工业中将发挥主导作用。

工业和信息化部表示，促进铝应用、拓展市场需求，是促进铝工业平稳较快发展的重要保障。铝行业应围绕汽车、航空、船舶、轨道交通、国防科技工业等领域的专用材料开发，以轻质、高强、大规格、耐高温、耐腐蚀为方向，大力发展拥有自主知识产权的高性能铝合金及其深加工产品和工艺。加快实施高精产品工程，依托优势企业、产业集聚区和重大项目，加速高端铝材等新技术产业化及规模化制造，延伸产业链，发展铝精深加工部件，努力满足战略性新兴产业及国家重大工程需求。

利用铝具有高度可循环利用的特点，大力开发铝的新用途，用以替代其他耗能高、污染重、制取成本高的金属和非金属，发挥其“绿色金属”、“储能材料”的优势。

9 研究成果、结论与建议

9.1 研究成果与结论

本书以中国铝工业为研究对象，综合运用文献研究、比较研究、归纳和演绎、数据分析、回归研究、数学建模、建立评价指标体系和实证研究等方法，开展了以下工作，并得到了相关结论：

（1）通过对中国铝工业和世界铝工业的比较和分析，总结了铝工业发展的4个特点和4个规律。

（2）以SPSS为工具，利用回归分析方法，对中国原铝产量、消费量的相关因素进行了分析，得到了4组数学模型，并得出了回归方程，为预测中国原铝产量、消费量奠定了理论基础。

（3）用回归分析方法，预测了中国工业化完成时间为2020年左右，中国钢铁峰值期为2019年左右，中国原铝峰值期为2025年左右。用自回归方法预测了中国2025年GDP约为146886亿美元，第一、二产业占GDP的比重为47.47%，城市化率为76.06%，并以此作为基数，利用上述数学模型预测了中国原铝的产量、消费量峰值为7100万吨左右。

（4）参考相关国家、地区、行业、企业的可持续发展和循环经济评价指标，结合中国铝工业发展实际，构建了中国铝工业可持续发展评价指标体系，包括1个目标层、2个准则层、6个领域层和29个指标，并对“十一五”期间我国铝工业的可持续发展能力进行了实证分析。

（5）结合世界铝工业发展特点和中国铝工业发展现状，对中国铝工业实现可持续发展，从资源、能源、环境等7个方面提出了建议。

9.2 未来研究的建议

（1）在分析原铝产量消费量相关因素时，除粗钢产量、消费量，GDP，产业结构和城市化率外，还可考虑人均GDP、人均原铝消费量、消费强度等因素的影响及相关规律，以使预测结果更全面、更可靠。

（2）在预测方法方面，除回归分析法外，还可以运用灰色理论法、BP神经网络法、支持向量机法等方法进行预测；也可对现有方法加以改进和修正。

（3）在中国铝工业可持续发展评价指标体系中，可深入研究并增加社会发展等方面的指标，国外已有类似的指标和做法，只是这方面的指标在国内较难获取，或较难度量。另外，评价指标体系要在应用中不断修正和完善。

上述建议希望对本课题今后的研究起到抛砖引玉的作用。

附　录

附录 1　世界及主要国家粗钢产量

（万吨）

年份	世界	美国	英国	中国	年份	世界	美国	英国	中国
1871		7.4	33.4		1909	5420	2433.9	597.6	3.9
1872		14.5	41.7		1910	6030	2651.4	647.6	5
1873		20.2	58.2		1911	6050	2405.6	656.6	3.9
1874		21.9	64		1912	7280	3175.3	690.5	0.3
1875		39.6	71.9		1913	7640	3180.3	778.7	4.3
1876		54.2	84.1		1914	6040	2389	796.1	5.6
1877		57.9	90.1		1915	6660	3266.7	868.7	4.8
1878		74.4	99.8		1916	7820	4346	913.6	4.5
1879		95	102.5		1917	8200	4578.4	987.3	4.3
1880		126.7	131.6		1918	7700	4517.6	969.2	5.7
1881		161.4	180.7		1919	5850	3522.8	802.1	3.5
1882		176.5	214.3		1920	7250	4280.9	921.2	6.8
1883		170	204		1921	4520	2010.1	376.3	7.7
1884		157.6	180.2		1922	6880	3617.4	597.5	3
1885		173.9	191.7		1923	7830	4566.5	861.8	3
1886		260.4	230		1924	7850	3854.1	833.3	3
1887		339.3	309.3		1925	9040	4612.2	750.4	3
1888		284.6	335.7		1926	9340	4906.9	365.4	3
1889		344	362.8		1927	10180	4565.6	924.3	3
1890		434.6	363.6		1928	11000	5237.1	865.6	3
1891		396.7	320.8		1929	12080	5733.9	979.1	2
1892		500.7	296.7		1930	9510	4135.3	744.3	1.5
1893		408.5	299.7		1931	6960	2636.2	528.6	1.5
1894		448.3	316.1		1932	5070	1390.1	534.6	2
1895		621.3	331.2		1933	6800	2360.5	713.7	3
1896		536.6	419.8		1934	8240	2647.3	899.2	5
1897		727.2	455.8		1935	9950	3464	1001.7	25.7
1898		907.6	463.9		1936	12430	4853.4	1197	41.4
1899		1081.1	493.3		1937	13570	5138	1319.2	55.6
1900	2830	1035.2	498		1938	11000	2880.5	1056.5	58.6
1901	3100	1369	498.3		1939	13710	4789.8	1343.3	52.7
1902	3450	1518.7	498.8		1940	14060	6076.6	1318.4	53.4
1903	3610	1476.8	511.5		1941	15380	7515.1	1251	57.6
1904	3630	1408.3	510.8		1942	15140	7804.7	1314.9	78
1905	4490	2034.5	590.5		1943	15960	8059.1	1324	92.3
1906	5120	2377.4	656.6		1944	15120	8132.2	1233.7	45.3
1907	5300	2373.7	662.8	0.8	1945	11310	7230.4	1201.4	6
1908	4140	1424.8	538.1	2.3	1946	11160	6042.1	1289.9	6

续附录1

年份	世界	美国	英国	中国	年份	世界	美国	英国	中国
1947	13600	7701.5	1292.9	7	1979	74780	12611	2155	3448
1948	15530	8041.3	1511.5	7.6	1980	71560	10146	1127.7	3712
1949	16000	7074.1	1500.2	15.8	1986	71340	7403.2	1472.5	5221
1950	19160	8784.8	1655.4	61	1987	73590	8087.7	1741.4	5628
1956	28350	10452	2099	447	1988	77880	9065	1895	5943
1957	29250	10225	2244.7	535	1989	78600	8883.4	1874	6159
1958	27430	7734.2	1988	800	1990	77000	8972.3	1784	6535
1959	30570	8477.3	2011	1387	1991	73360	7973.8	1647.4	7100
1960	34640	9006.7	2499.5	1866	1992	71970	8432.2	1621	8093
1961	35130	8891.7	2244	870	1993	72750	8879.2	1663	8954
1962	36010	8920.2	2082	667	1994	72510	9124.3	1729	9261
1963	38710	9912	2288	762	1995	75230	9519	1760	9536
1964	43340	11528	2665	964	1996	75000	9467	1790	10124
1965	45400	11926	2744	1223	1997	79880	9849	1850	10891
1966	47270	12165	2471	1532	1998	77590	9765	1732	11459
1967	49720	11541	2428	1029	1999	78920	9721	1630	12395
1968	52980	11926	2628	904	2000	84890	10180	1520	12850
1969	57460	12815	2685	1333	2001	85110	9010	1370	15163.4
1970	59540	11931	2832	1770	2002	90420	9158.7	1166.7	18224.9
1971	58260	10927	2418	2132	2003	96990	9367.7	1326.8	22011.5
1972	63030	12088	2519.3	2338	2004	107150	9968.1	1376.6	27900
1973	69840	13650	2659.3	2522	2005	114410	9328.5	1324.8	35324
1974	70900	13220	2232.3	2112	2006	124730	9855.7	1387.1	41914.9
1975	64540	10582	2009.8	2390	2007	134620	9810.2	1431.7	48928.8
1976	67640	11606	2226	2045	2008	132910	9135	1352.1	50031.2
1977	67540	11317	2173.2	2374	2009	123100	5820	1010	57360
1978	71710	12389	2030.4	3178	2010	141400	8050	970	62670

附录2　世界及主要国家原铝产量

（万吨）

年份	世界	美国	俄罗斯	日本	德国	英国	法国	加拿大	中国
1913	6.3	2.1			0.8	0.8	1.5	0.6	
1920	13.1	6.5			1	0.8	1.8	1	
1921	7.6	2.5			1.9	0.5	0.8	0.6	
1922	9.7	3.4			1.6	0.7	1.2	0.9	
1923	14.4	5.9			1.6	0.9	1.7	1.2	
1924	16.2	6.8			1	0.8	1.8	1.2	
1925	17.9	6.2			2	1	2	1.2	
1926	19.7	7.5			3	0.8	2.4	1.8	
1927	21	7.8			2.7	0.9	2.5	2.7	
1928	24.1	8			3.1	0.9	2	2.5	
1929	27.3	10.3			3.1	0.8	2	3.9	
1930	26.6	10.4			3.1	1.3	2.5	3.3	

续附录2

年份	世界	美国	俄罗斯	日本	德国	英国	法国	加拿大	中国
1931	21.6	8.1			2.7	1.4	1.8	2.9	
1932	15.3	4.8	0.09		1.9	1	1.4	1.8	
1933	14.1	3.9	0.4		1.9	1.1	1.4	1.6	
1934	16.9	3.4	1.4	0.7	3.7	1.2	1.5	1.6	
1935	25.9	5.4	2.6	0.5	7.1	1.5	2.2	2.1	
1936	36.4	10.2	3.8	0.6	9.8	1.6	2.9	2.6	
1937	49.3	13.3	4.5	1.4	12.7	1.9	3.4	4.2	
1938	58	13	4.4	2	16.6	2.3	4.2	6.5	
1939	65	14.8	4.5	2.3	20	2.5	5	7.5	
1940		18.7	5.5	2.7	24	2.8	5	9.9	
1941		28	5.1	5	21.2	3.5	6.4	19.7	
1942		47.2	5.5	7.6	22.9	5	4.5	30.9	
1943		83.5	6.2	10.8	20.5	5.7	4.7	45	
1944		75.3	7.1	10.9	20.3	3.6	2.6	41.9	
1945		45.3	8.6	1.6		3.6	3.7	19.6	
1946		37.2		0.5		3.2	4.7	17.5	
1947	105.1	51.9	9	0.3	0.1	2.9	5.3	27.1	
1948	122.5	56.6	10	0.7	0.8	3.1	6.4	33.3	
1949	125.7	54.8	12	2.1	2.9	3.1	5.4	33.5	
1950	150.7	65.2	20.9	2.5	2.8	3	6.1	36	
1951	180.8	75.9	21	3.7	7.4	2.8	9.1	40.6	
1952	203.2	85	23	4.3	10.1	2.9	10.6	45.3	
1953	245.1	113.6	28	4.6	10.7	3.1	11.2	49.5	0.04
1954	280.8	132.5	36	5.3	12.9	3.2	12	50.9	0.19
1955	310.4	142	40	5.8	13.7	2.5	12.9	55.1	2.07
1956	333.7	152.3	43	6.6	14.7	2.8	15	56.3	2.15
1957	339.7	149.5	53	6.8	15.4	3	16	50.5	2.92
1958	355.5	142	58	8.5	13.7	2.7	16.9	57.9	4.85
1959	409.2	177.3	63	10	15.1	2.5	17.3	54.4	7.14
1960	454.8	182.8	70	13.3	16.9	2.9	23.5	69.1	12.06
1961	458.8	172.7	80	15.4	11.3	3.3	27.9	60.2	6.62
1962	499	192.1	85	17.2	17.8	3.5	29.5	62.6	7.73
1963	542.9	209.8	90	22.4	20.9	3.1	29.8	65.3	9.01
1964	608.6	231.6	100	26.6	22	3.2	31.6	76.5	10.78
1965	658.6	249.8	120	29.2	23.4	3.6	34.1	75.3	13.21
1966	720.9	269.3	130	33.5	24.4	3.7	36.4	80.7	16.84
1967	793.3	296.6	140	37.9	25.3	3.9	36.1	87.4	18.93
1968	851.5	295.3	150	47.8	25.7	3.8	36.6	88.8	12.32
1969	945.9	344.1	155	56.5	26.3	3.4	37.1	97.9	18.34
1970	1025.7	360.7	170	72.8	30.9	4	38.1	96.3	23.52
1971	1093.6	356.1	180	88.7	42.8	11.9	38.4	100.2	28.77
1972	1164.9	374	190	100.9	44.4	17.1	39.4	90.7	28.65
1973	1270.7	410.9	200	109.7	53.3	25.2	35.9	93	28.56

续附录2

年份	世界	美国	俄罗斯	日本	德国	英国	法国	加拿大	中国
1974	1381	444.8	210	111.8	68.9	29.3	39.3	100.9	21.4
1975	1269.3	351.9	215	101.3	67.8	30.8	38.3	88	22.13
1976	1286.31	351.88	220	91.94	69.71	33.45	38.51	63.1	21.61
1977	1432.15	411.77	220	118.82	74.18	34.97	39.88	97.35	21.46
1978	1477.58	435.81	230	105.77	73.95	34.62	39.14	104.85	30.01
1979	1517.53	455.68	235	101.04	74.19	35.95	39.51	86.36	36.6
1980	1603.53	465.36	240	109.15	73.07	37.44	43.19	107.45	39.92
1981	1569.78	448.88	240	77.06	72.89	33.92	43.56	111.81	39.5
1982	1399.14	327.4	240	35.07	72.28	24.08	39.04	106.99	40.13
1983	1430.63	335.32	240	25.59	74.34	25.25	36.08	109.12	44.48
1984	1592.04	409.9	230	28.67	77.72	28.8	34.2	122.2	47.97
1985	1542.87	349.94	230	22.65	74.5	27.54	29.5	127.88	52.47
1986	1560.39	303.63	235	14.02	76.36	27.59	32.18		56.15
1987	1645.14	334.29	237	4.06	73.77	29.44	32.25		61.62
1988	1857.64	394.45	240	3.53	74.41	30.02	32.77		71.81
1989	1811.17	403.02	250	3.5	74.2	29.73	33.49		75.83
1990	1831.47	404.76	220	38.52	71.52	28.98	32.28	156.72	85.43
1991	1963.65	412.08		37.32	69	29.4	25.44	182.16	96.25
1992	1948.07	404.16		38.28	60.24	24.36	41.76	197.16	109.6
1993	1921.11	369.6		32.16	54.12	23.88	42.6	230.88	125.45
1994	1909.94	329.64		33.6	50.28	23.16		225.48	149.84
1995	1983.12	337.52	277.44	1.8	57.52	23.79	36.45	217.2	186.97
1996	2083.96	357.72	287.42	1.7	57.65	24	38.01	228.32	190.07
1997	2180.35	360.34	290.6	1.67	57.19	24.77	39.94	232.72	217.86
1998	2260.63	371.27	301	1.63	61.24	25.84	42.36	237.41	243.53
1999	2361.38	377.86	314.9	1.09	63.38	27.22	45.51	238.98	280.89
2000	2469.67	366.84	325.8	0.65	64.35	30.51	44.11	237.35	298.92
2001	2443.6	263.7	330.2	0.66	65.16	34.08	46.09	258.58	357.58
2002	2607.8	270.5	334.82	0.64	65.28	34.43	46.32	270.89	451.11
2003	2798.48	270.45	347.77	0.65	66.08	34.27	44.31	279.19	596.2
2004	2992.17	251.69	359.37	0.65	66.78	35.96	45.12	259.22	668.88
2005	3202.08	248.04	364.71	0.64	64.79	36.85	44.23	289.43	780.6
2006	3396.19	228.09	371.79	0.64	51.55	35.98	44	305.11	935.84
2007	3811.7	255.97	395.54	0.6	55.1	36.46	43.3	308.26	1258.8
2008	3988.3	265.91	380	0.66	60.59	32.69	43.16	311.88	1317.8
2009	3697.4	172.72	318.8	0.51	29.18	25.2	42.13	303.03	1289.1
2010	4081.12	172.72	387.1	0.5	40.25	18.6	35.6	296.32	1624.4

注：1. 德国数据：1945 年以前为德国产量，1945 年以后为西德产量。

2. 1920～1975 年数据摘自《国外有色金属统计》（冶金工业出版社，1977）；1976～1985 年数据摘自《世界有色金属统计手册》（中国有色金属工业总公司情报所，1986）；1986～2010 年数据摘自《中国有色金属工业年鉴》（中国有色金属工业协会）。

附录3 世界及主要国家原铝消费量

（万吨）

年份	世界	美国	俄罗斯	日本	德国	英国	法国	加拿大	中国
1970		340.3							
1971		382.8							
1972		449.1							
1973		524.5							
1974		494.2		152					
1975				174.5					
1976		449.05	169	160.96	95.44	44.45	49.26	32.22	47
1977		475.6	176	141.99	91.23	41.18	53.38	33.24	51
1978		497.81	183	165.61	95.23	40.22	53.27	33.88	56
1979		501.77	186.5	180.34	106.78	41.76	59.59	34	68
1980	1529.76	445.35	185	163.9	104.23	40.93	60.09	31.19	55
1981	1451.08	414.01	186	157.02	102.18	33.07	53.87	29.9	56
1982	1416.08	364.95	188	163.93	100.02	32.63	57.84	22.85	58
1983	1536.11	421.8	185	180.07	108.5	32.34	61.34	25.22	62
1984	1557.42	457.23	180	174.39	115.16	36.95	57.93	24	63
1985	1586.15	458.83	185	186.46	118.53	35.78	57.29	24	70
1986	1607.13								
1987	1705.52								
1988	1886.51								
1989	1805.7								
1990	1829.11								
1991	1874.43								
1992	1844.91								
1993	1822.21								
1994	1969.55								
1995	1980.84	505.48	47.6	233.56	150.39	62	74.69	61.19	187.49
1996	2070.28	534.8	44.38	238.61	139.44	60	67.74	62.04	202.79
1997	2178.6	531.66	45	243.43	156.74	61.91	73.8	62.1	208.67
1998	2184.21	581.36	48.92	207.99	151.9	57.9	73.38	73.35	242.54
1999	2357.91	620.33	56.28	209.97	152	58.1	78.59	77.37	292.59
2000	2477.98	583.32	75.94	222.27	163.2	57.55	77.65	81.24	353.27
2001	2372.15	522.98	78.62	201.4	158.03	43.33	74.6	74.25	349.22
2002	2533.75	550.91	95.01	200.97	168.97	42.76	76.2	74.73	411.5
2003	2736.86	566.71	84.28	195.23	191.56	30.22	75.38	69.66	519.41
2004	2996.19	580	102	231.86	179.46	43.89	74.85	76.05	604.27
2005	3170.56	611.44	102	227.63	177.85	35.32	71.89	80.31	711.86
2006	3402.29	615	104.7	232.28	182.23	40.13	71.3	85.38	864.81
2007	3724.54	557.98	102	219.7	200.83	36.35	73.72	71.83	1234.7
2008	3814.68	490.57	102	224.97	194.96	33.94	68.89	21.44	1241.3
2009	3507.3	387.62	102	224.97	129.03	27	52.86	65.67	1315
2010	3977	424.25	68.5	202.5	191.18	27	54.93	57.72	1650

附录4 中国历年GDP

年份	亿元人民币	亿美元	汇率	年份	亿元人民币	亿美元	汇率
1953	824	334.9	2.46:1	1982	5323.4	2812.1	1.893:1
1954	859	328.2	2.617:1	1983	5962.7	3017.6	1.976:1
1955	910	368.6	2.469:1	1984	7208.1	3105.6	2.321:1
1956	1028	416.4	2.469:1	1985	9016	3069.8	2.937:1
1957	1068	432.6	2.469:1	1986	10275.2	2975.7	3.453:1
1958	1307	529.4	2.469:1	1987	12058.6	3239.8	3.722:1
1959	1439	582.8	2.469:1	1988	15042.8	4041.6	3.722:1
1960	1457	590.1	2.469:1	1989	16992.3	4513.2	3.765:1
1961	1220	494.1	2.469:1	1990	18667.8	3902.9	4.783:1
1962	1149.3	465.5	2.469:1	1991	21781.5	4092.0	5.323:1
1963	1233.3	499.5	2.469:1	1992	26923.5	4881.0	5.516:1
1964	1454	588.9	2.469:1	1993	35333.9	6132.2	5.762:1
1965	1716.1	695.1	2.469:1	1994	48197.9	5592.1	8.619:1
1966	1868	756.6	2.469:1	1995	60793.7	7279.8	8.351:1
1967	1773.9	718.5	2.469:1	1996	71176.6	8561.1	8.314:1
1968	1723.1	697.9	2.469:1	1997	78973	9525.1	8.291:1
1969	1937.9	784.9	2.469:1	1998	84402.3	10194.7	8.279:1
1970	2252.7	912.4	2.469:1	1999	89677.1	10833.2	8.278:1
1971	2426.4	985.5	2.462:1	2000	99214.6	11983.9	8.279:1
1972	2518.1	1121.6	2.245:1	2001	109655.2	13248.2	8.277:1
1973	2720.9	1368.0	1.989:1	2002	120332.7	14538.2	8.277:1
1974	2789.9	1422.7	1.961:1	2003	135822.8	16409.7	8.277:1
1975	2997.3	1612.3	1.859:1	2004	159878.3	19316.0	8.277:1
1976	2943.7	1516.6	1.941:1	2005	184937.4	22343.5	8.277:1
1977	3201.9	1723.3	1.858:1	2006	216314.4	26801.4	8.071:1
1978	3645.2	2164.6	1.684:1	2007	265810.3	34021.5	7.813:1
1979	4062.6	2612.6	1.555:1	2008	314045.4	43025.8	7.299:1
1980	4545.6	3034.4	1.498:1	2009	340903.1	49963.8	6.823:1
1981	4891.6	2869.0	1.705:1	2010	397983	59847.1	6.65:1

附录5 中国历年GDP构成比例

（%）

年份	总值	第一产业	第二产业			第三产业
			小计	工业	建筑业	
1978	100.0	28.2	47.9	44.1	3.8	23.9
1979	100.0	31.3	47.1	43.6	3.5	21.6
1980	100.0	30.2	48.2	43.9	4.3	21.6
1981	100.0	31.9	46.1	41.9	4.2	22.0
1982	100.0	33.4	44.8	40.6	4.1	21.8
1983	100.0	33.2	44.4	39.9	4.5	22.4

续附录5

年份	总值	第一产业	第二产业			第三产业
			小计	工业	建筑业	
1984	100.0	32.1	43.1	38.7	4.4	24.8
1985	100.0	28.4	42.9	38.3	4.6	28.7
1986	100.0	27.2	43.7	38.6	5.1	29.1
1987	100.0	26.8	43.6	38.0	5.5	29.6
1988	100.0	25.7	43.8	38.4	5.4	30.5
1989	100.0	25.1	42.8	38.2	4.7	32.1
1990	100.0	27.1	41.3	36.7	4.6	31.6
1991	100.0	24.5	41.8	37.1	4.7	33.7
1992	100.0	21.8	43.4	38.2	5.3	34.8
1993	100.0	19.7	46.6	40.2	6.4	33.7
1994	100.0	19.8	46.6	40.4	6.2	33.6
1995	100.0	19.9	47.2	41.0	6.1	32.9
1996	100.0	19.7	47.5	41.4	6.2	32.8
1997	100.0	18.3	47.5	41.7	5.9	34.2
1998	100.0	17.6	46.2	40.3	5.9	36.2
1999	100.0	16.5	45.8	40.0	5.8	37.7
2000	100.0	15.1	45.9	40.4	5.6	39.0
2001	100.0	14.4	45.1	39.7	5.4	40.5
2002	100.0	13.7	44.8	39.4	5.4	41.5
2003	100.0	12.8	46.0	40.5	5.5	41.2
2004	100.0	13.4	46.2	40.8	5.4	40.4
2005	100.0	12.1	47.4	41.8	5.6	40.5
2006	100.0	11.1	48.0	42.2	5.7	40.9
2007	100.0	10.8	47.3	41.6	5.8	41.9
2008	100.0	10.7	47.5	41.5	6.0	41.8
2009	100.0	10.3	46.3	39.7	6.6	43.4
2010	100.0	10.1	46.8	40.1	6.7	43.1

附录6 中国历年城市化率

（%）

年份	城市化率	年份	城市化率	年份	城市化率	年份	城市化率
1949	10.64	1965	17.98	1981	20.16	1997	29.92
1950	11.18	1966	17.86	1982	21.13	1998	30.4
1951	11.78	1967	17.74	1983	21.62	1999	30.89
1952	12.46	1968	17.62	1984	23.01	2000	36.22
1953	13.31	1969	17.5	1985	23.71	2001	37.66
1954	13.69	1970	17.38	1986	24.52	2002	39.09
1955	13.48	1971	17.26	1987	25.32	2003	40.53
1956	14.62	1972	17.13	1988	25.81	2004	41.76
1957	15.39	1973	17.2	1989	26.21	2005	42.99
1958	16.25	1974	17.16	1990	26.41	2006	43.9
1959	18.41	1975	17.34	1991	26.37	2007	44.94
1960	19.75	1976	17.44	1992	27.63	2008	45.68
1961	19.29	1977	17.55	1993	28.14	2009	46.59
1962	17.33	1978	17.92	1994	28.62	2010	47.5
1963	16.84	1979	19.99	1995	29.04		
1964	18.37	1980	19.39	1996	29.37		

参考文献

[1] WCED. Our Common Future [M]. Oxford and Newyork. Oxford University Press, 1987.
[2] 北京宣言 [EB/OL]. http://www.zzhb.gov.cn/jiancezhan/fgbz/wenjian/beijingxuanyan.htm.
[3] 中国21世纪议程 [EB/OL]. http://www.acca21.org.cn/cca21pa.html.
[4] 江泽民. 在庆祝中国共产党成立八十周年大会上的讲话 [EB/OL]. http://news.xinhuanet.com/ziliao/2001-12/03/content_499021.htm.
[5] 中华人民共和国国民经济和社会发展第十一个五年规划纲要 [EB/OL]. http://news.xinhuanet.com/ziliao/2006-01/16/content_4057926.htm.
[6] 胡锦涛. 高举中国特色社会主义伟大旗帜为夺取全面建设小康社会新胜利而奋斗 [EB/OL]. http://news.xinhuanet.com/newscenter/2007-10/24/content_6938568.htm.
[7] 中华人民共和国国民经济和社会发展第十二个五年规划纲要 [EB/OL]. http://news.xinhuanet.com/politics/2011-03/16/c_121193916_2.htm.
[8] 中国可持续发展国家报告 [EB/OL]. 中国网. http://www.china.com.cn/zhibo/zhuanti/ch-xinwen/2012-06/01/content_25541073.htm
[9] 世界环境与发展委员会. 我们共同的未来 [M]. 王之佳, 柯金良, 译. 长春: 吉林人民出版社, 1997.
[10] 肖亚庆. 中国铝工业技术发展 [M]. 北京: 冶金工业出版社, 2007.
[11] 陈建宏, 永学艳, 杨立兵. 中国铝消费量与GDP产出关系的实证研究 [J]. 辽宁工程技术大学学报 (社会科学版), 2009, 11 (3): 246-248.
[12] 中国有色金属工业协会. 中国有色金属工业年鉴 [M]. 北京, 1983-2011.
[13] 宋书巧, 周永章. 矿业可持续发展的基本途径探讨 [J]. 矿业研究与开发, 2002 (4): 1-5.
[14] 陈清泰, 冯飞, 周凤起, 等. 国家能源战略的基本构想 [EB/OL]. http://www.people.com.cn/GB/jingji/1045/2191153.html.
[15] 赵武壮. 煤电铝联营促铝工业发展 [J]. 中国有色金属, 2008 (3): 32-33.
[16] Barbier E B. Economic. Natural Resource, Scarcity and Development [M]. London: Earthcan, 1985.
[17] WRI. World Resources 1992-1993 [M]. Washington, D. C. The World Resource Institute, 1993.
[18] Pearce D W, Warford J. World without end: economics, environment, and sustainable development [M]. New York: Oxford University Press Inc., 1993.
[19] Spath J G. The Environment: The Greening of Technology [M]. 1989.
[20] 周德群, 陈宝书. 对可持续发展几个关键概念的讨论 [J]. 科学管理研究, 1997, 15 (4): 29-33.
[21] 黄正元. 论代际公平 [D]. 湘潭大学硕士学位论文, 2004.
[22] 周鲲, 廖立清. 浅析代际公平的实现 [J]. 商业研究, 2002 (6): 38-39.
[23] Young M D. For our children's children: Some Practical Implications of Intergenerational Equity

and the Precautionary Principle [M]. Resource Assessment Commission. Canberra, 1993.
[24] AlanRandall. Resource Economics [M]. Columbus. Ohio: Grid publishing Inc., 1981.
[25] Wynne B. Uncertainty and Environment Learning: Reconceiving Science and Policy in the Preventative Paradigm Global Environment [J]. Change, 1992 (2): 111 - 127.
[26] Faber M, Manstetten R, Proops J. Toward an Open Future: Ignorance. Novelty and Evolution. Ecosystem Health: New Goals for Environmental Management [M]. WashingtonD. C., Island Press, 1992.
[27] 蕾切尔·卡逊．寂静的春天 [M]．吕瑞兰，李长生，译．长春：吉林人民出版社, 1997.
[28] 丹尼斯·米都斯．增长的极限 [M]．长春：吉林人民出版社, 1997.
[29] The United Nations Conference on Environment and Development. Rio Declaration on Environment and Development [EB/OL]. 1992. http: //www. unep. org/Documents. Multilingual/ Default. asp? documentid = 78&articleid = 1163.
[30] 联合国可持续发展二十一世纪议程 [EB/OL]. 1992. http: //www. un. org/chinese/events/wssd/agenda21. htm
[31] The Istanbul Declaration on Human Settlement [EB/OL]. http: //unn. people. com. cn/GB/channel2334/2397/2805/2806/200202/28/163581. html
[32] Kyoto Protocol to the United Nations Framework Convention on Climate Change [EB/OL]. http: //wenku. baidu. com/view/4b63c4bd960590c69ec3764b. html
[33] 联合国千年宣言 [EB/OL]. http: //baike. baidu. com/view/1884760. htm
[34] 曾昭斌．中国可持续发展理论研究述评 [J]．南阳师范学院学报（社会科学版）, 2007, 6 (11): 44 - 46.
[35] 牛文元．可持续发展理论的基本认知 [J]．地理科学进展, 2008, 27 (3): 1 - 6.
[36] Daly H.. Towards an environmental macroeconomics [J]. Land Econ., 1991, 67 (2): 255 - 259.
[37] 衣保中．论可持续发展原则与区域开发 [J]．人口学刊, 2003 (4): 3 - 8.
[38] 新华社．中国发布21世纪初可持续发展行动纲要 [EB/OL]. http: //news. xinhuanet. com/zhengfu/2003 - 07/25/content_ 992773. htm.
[39] 金碚．关于新型工业化道路的若干理论问题 [J]．重庆工商大学学报（社会科学版）, 2004, 21 (3): 5 - 8
[40] 陈佳贵，黄群慧，钟宏武．中国地区工业化进程的综合评价和特征分析 [J]．经济研究, 2006 (6): 4 - 15.
[41] 王敏正．国内外工业化理论：回顾及评价 [J]．经济问题探索, 2007 (11): 1 - 5.
[42] 黄范章．从世界的视野看中国新型工业化道路 [J]．中国工业经济, 2003 (6), 50 - 54.
[43] 陈佳贵，黄群慧．中国进入工业化中期后半阶段 [EB/OL]．中国社会科学院院报, 2007. http: //www. cass. net. cn/file/20070927102194. html.
[44] 洪银兴．新型工业化道路的经济学分析 [J]．贵州财经学院学报, 2003 (1): 1 - 6.

[45] 曲格平．探索可持续的新型工业化道路［J］．环境保护，2003（1）：3－4.

[46] 王均奇，施国庆．工业化理论与实践研究综述及存在问题分析［J］．生产力研究，2007（14）：146－148.

[47] 唐善茂，张瑞梅．科学发展观视野下对可持续发展理论的审读［J］．桂海论丛，25（1）：12－15.

[48] 朱云梅，等．工业企业可持续发展评价指标体系初探［J］．重庆环境科学，1999（1）：21－24.

[49] 夏光．"可持续性"定义的困难［J］．世界环境，1995（3）：5－6.

[50] UN Commission on Sustainable Development. Indicators of Sustainable Development Framework & Methodologies [M]. New York：UN，1996.

[51] Department of the Environment of UK. Indicators of Sustainable Development of the United Kingdom [M]. London：HM－SO，1994.

[52] 刘培哲．可持续发展理论与中国21世纪议程［M］．北京：气象出版社，2001.

[53] 朱启贵．国内外可持续发展指标体系评论［J］．合肥联合大学学报，2000，10（1）：11－23.

[54] 蒋承华，邹晓茜．可持续发展评价：回顾与展望［J］．经济纵横，2007（1）：43－44.

[55] 谢洪礼．关于可持续发展指标体系的述评［J］．统计研究，1999（1）：61－64.

[56] 李健斌，陈鑫．世界可持续发展指标体系探究与借鉴［J］．经济研究，2010（2）：53－54.

[57] 朱海冰，蔡道成，张侨．中国可持续发展理论概述［J］．商业时代，2011（7）：6－7.

[58] 王朝科．建立中国可持续发展指标体系若干问题刍议［J］．统计研究，1997（2）：56－59.

[59] 国冬梅．中国可持续发展指标体系研究进展［J］．上海环境科学，1999，18（1）：8－9.

[60] 韩飞，马红燕，刘仕博，等．三种可持续发展评价方法的对比分析［J］．长春师范学院学报（自然科学版），2008（3）：93－95.

[61] 张锦高，李忠武．可持续发展定量研究方法综述［J］．中国地质大学学报（社会科学版），2003，3（6）：32－35.

[62] 陈伟强，石磊，钱易．2005年中国国家尺度的铝物质流分析［J］．资源科学，2008（9）：1320－1326.

[63] 中国环境保护部．铝工业发展循环经济环境保护导则［M］．北京：中国环境科学出版社，2009.

[64] 安锦如．浅析铝工业现状及未来发展趋势［J］．甘肃冶金，2005，27（3）：22－24.

[65] 罗伯特·J·蔡斯．铝工业对可持续发展的响应［C］．中国国际铝业研讨会论文集，2002：8－15.

[66] International Aluminum Institute. Third bauxite mine rehabilitation survey [EB/OL]. 2004. http//www. world－aluminum. org.

[67] 罗建川．基于铝土矿资源全球化的中国铝工业发展战略研究［D］．中南大学博士学位论文，2006.

[68] 中国地质科学院全球矿产资源战略研究中心．全球矿产资源战略研究年度报告（社会版）[EB/OL]．中国地质科学院网站 http：//www. cags. ac. cn/，2006.
[69] Hilson. G. sustainable development policies in Canada's mining sector：an over view of government and industry efforts [J]. Environment Science Policy，2000（3）：201－211.
[70] 熊维平．中国铝工业60年回顾与展望 [J]．中国有色金属，2009（20）：32－35.
[71] 张伦和，何静华，张颖．中国氧化铝工业现状及发展对策 [J]．轻金属，2006（2）：3－7.
[72] 陈祺，关慧勤，熊慧．世界铝工业资源－铝土矿、氧化铝开发利用情况 [J]．世界有色金属，2007（1）：27－33.
[73] 戴自希．世界再生金属生产现状与趋势 [J]．中国有色冶金，2005（6）：14－20.
[74] 王祝堂．美国铝业协会确定2015年废铝罐回收率 [J]．轻金属，2010（1）：64
[75] 苏鸿英．全球废铝回收的现状和未来 [J]．资源再生，2009（3）：24－25.
[76] International Aluminum Institute. Global aluminum recycling：A cornerstone of sustainable development [EB/OL]，www. world－ aluminum. org.
[77] 何金祥．从近25年来美国铝金属的生产与消费特点看美国铝矿业的发展状况和前景 [J]．国土资源情报，2006（11）：1－3.
[78] 刘援朝．浅析美国铝工业技术创新发展战略 [J]．世界有色金属，2006（3）：14－17.
[79] 赵铸．2009年国内铝市场及铝电联营区域发展方向分析 [J]．轻金属．2009（3）：3－7.
[80] 中国发展和改革委员会．关于遏制铝冶炼投资反弹紧急通知 [EB/OL]．http：//www. gdbz. gov. cn/public/LawsItem. aspx? id＝1364.
[81] 国务院办公厅，有色金属产业调整和振兴规划 [EB/OL]．http：//www. gov. cn/zwgk/2009－05/11/content_ 1310436. htm.
[82] 中国工业和信息化部．关于开展重点用能行业能效水平对标达标活动的通知 [EB/OL]．http：//www. gov. cn/gzdt/att/att/site1/20100825/001e3741a2cc0ddef4bf01. pdf
[83] 中国工业和信息化部．《铝工业"十二五"发展专项规划》解读．有色金属工程，2012（1）：10－13.
[84] 中国工业和信息化部．有色金属工业"十二五"发展规划 [EB/OL]．http：//www. miit. gov. cn.
[85] 王祝堂．浅析钢材/原铝表观消费量比值 [J]．世界有色金属，2009（3）：71.
[86] 王安建，王高尚，陈其慎，等．矿产资源需求理论与模型预测 [J]．地球学报；2010（2）：137－147.
[87] H. Chenery. Industrialization and growth：a comparative study [M]．Oxford University Press，UK，1986.
[88] 王高尚，韩梅．中国重要矿产资源的需求预测 [J]．地球学报，2002，23（6）：483－490.
[89] 徐向春，王玉刚．中国钢铁消费峰值的探讨 [J]．冶金经济与管理，2007（1）：35－39.
[90] 袁莉．新型工业化背景下中国钢铁工业发展战略路径研究 [D]．北京科技大学博士论

文，2007.
[91] 李世俊．钢材市场需求预测及钢铁工业发展战略的若干建议［EB/OL］．中国钢铁工业协会．http://www. chinaisa. org. cn/.
[92] 挪威海德鲁公司．Aluminium Ecology. 1993：25.
[93] 暴奉贤，陈宏立．经济预测与决策方法［M］．广东：暨南大学出版社，2000.
[94] 张保法．经济预测与经济决策［M］．北京：经济科学出版社，2004：9－10，51－52.
[95] 王炜．道路交通工程系统分析方法［M］．北京：人民交通出版社，2004：54－57.
[96] 陈玉祥，张汉亚．预测技术与应用［M］．北京：机械工业出版社，1985：1－74.
[97] 古扎拉蒂．计量经济学［M］．北京：中国人民大学出版社，1996.
[98] Li－Chang Hsu. Application the Grey prediction model to the global integrated circuit industry［J］. Technological Forecasting and Social Change 70（2003）：563－574.
[99] 左治兴，朱必勇，易斌．灰色理论在矿产资源消费量预测中的应用［J］．西部探矿工程，2007（4）：69－71.
[100] 赵瑞荣，王汉波．灰色理论在铁矿石需求预测中的应用［J］．黄金科学技术，1999，7（45）：18－21.
[101] 王立杰，孙继湖．基于灰色系统理论的煤炭需求预测模［J］．煤炭学报，2002，27（3）：333－336.
[102] 程跃．煤炭需求的组合预测模型研究［D］．辽宁工程技术大学硕士学位论文，2006.
[103] 王成山，杨军，张崇见．灰色系统理论在城市年用电量预测中的应用［J］．电网技术，1999，23（2）：15－18.
[104] 陈益民．预测模型的神经网络的实现与改进［J］．漳州职业大学学报．2004（2）：64－67.
[105] 田宝国．人工神经网络及其在系统理论中的应用［D］．北京师范大学博士学位论文，2001.
[106] Simon Haykin. 神经网络原理［M］．北京：机械工业出版社，2004.
[107] 蔡自兴，徐光佑．人工智能及其应用［M］．北京：清华大学出版社，2003：210－211.
[108] Bernd Freisleben，Klaus Ripper. Economic forecasting using neural networks［C］. Neural Networks Proceedings，IEEE International Conference，1995（2）：833－838.
[109] Oscar Castillo，Patricia Melin. Simulation and forecasting Complex Economic Time Series using Neural Networks and Fuzzy Logic［C］. Neural Networks Proceedings，UCNN，International Joint Conference，2001，（3）：1805－1810.
[110] 刘语佳．中国石油消费预测模型研究与应用［D］．北京交通大学硕士学位论文，2007.
[111] 吕明．中国煤炭消费预测模型研究与应用［D］．北京交通大学硕上学位论文，2008.
[112] 李立辉，胡月明，陈联诚．人工神经网络模型在种植业劳均耕地面积预测中的应用［J］．系统工程理论与实践，2000，20（9）：130－133.
[113] Vladimirn Vapnik，统计学习理论的本质［M］．张学工，译．北京：清华大学出版社，2000.
[114] 张学工．关于统计学习理论与支持向量机［J］．自动化学报，2000，26（1）：32－43.

[115] Nello Cristianini, John Shawe - Taylor. 支持向量机导论［M］. 北京：电子工业出版社, 2005.

[116] 冼广铭，曾碧卿，冼广淋. 支持向量机在分类和回归中的应用研究［J］. 计算机工程与应用, 2008, 44 (27)：134 - 136.

[117] 陈永义，俞小鼎，高学浩，等. 处理非线性分类和回归问题的一种新方法（I）——支持向量机方法简介［J］. 应用气象学报, 2004, 15 (3)：345 - 354.

[118] 陈友. 张国基. 郭国雄. 一种改进的 SVM 算法及其在证券领域中的应用［J］. 华南理工大学学报（自然科学版）, 2003, 31 (7)：15 - 18.

[119] 罗泽举，宋丽红. 一类基于 SVM/RBF 的气象模型预测系统［J］. 计算机工程, 2006, 32 (21)：31 - 32.

[120] 刘涵，刘丁. 基于最小二乘支持向量机的天然气负荷预测［J］. 化工学报, 2004, 55 (5)：828 - 832.

[121] 刘丹. 天然气消费需求量预测方法改进研究［D］. 重庆大学硕士论文, 2006.

[122] 张平康，王蒙，赵登福，等. 基于支撑向量机的电力系统峰负荷预测［J］. 西安交通大学学报, 2005, 39 (4)：398 - 401.

[123] 程伟，张燕平，赵姝. 支持向量机在粮食产量预测中的应用［J］. 安徽农业科学, 2009, 37 (8)：3347 - 3348.

[124] 西蒙·库兹涅茨. 各国的经济增长［M］. 常勋，译. 北京：商务印书馆, 1999.

[125] 陈佳贵. 西部地区工业化进程的综合评价和阶段性特征［J］. 开发研究, 2007 (1)：6.

[126] 任保平，洪银兴. 发展经济学的工业化理论述评［EB/OL］. http：//www.csscipaper.com/eco/industrialeconomy/208286_ 4.html.

[127] 陈佳贵，黄群慧，余菁，等. 中国工业化报告（2009）［M］. 北京：社会科学文献出版社, 2010.

[128] 颜云云. 全球化背景下中国钢铁工业可持续发展研究［D］. 北京科技大学博士学位论文, 2011.

[129] 董春明. 当务之急：最大限度利用国外低成本铝土矿氧化铝资源［J］. 中国金属通报, 2003 (28)：2 - 8.

[130] 邱哲生. 中国原铝消费现状分析及未来消费需求预测［D］. 云南大学硕士学位论文, 2010.

[131] 陈晨，周进生，王高尚. 全球铝需求分析预测. 世界有色金属, 2010 (1)：54 - 56.

[132] 日本铝业协会预测全球 2020 年原铝需求量［J］. 世界有色金属, 2010 (7)：3.

[133] P Schrynmakers. Life cycle thinking in the aluminium industry［J］. Int J Life Cycle Assess, 2009, 14 (Suppl 1)：S2 - S5.

[134] The stationery office limited. A better quality of life - strategy for sustainable development for the United Kingdom［EB/OL］. http：//www.sustainable - development.gov.uk/publications/uk - strategy99/index.htm. 2005 - 3/2007 - 7.

[135] 国土资源部信息中心. 国际国土资源可持续发展研究理论与实践［M］. 北京：地质出

版社，2005.

[136] Non – Ferrous Alliance. Towards Sustainability in the Non – Ferrous Metals Sector – Development of a strategy for the UK non – ferrous metals industry [EB/OL]. http://www.ldaint.org/nonferrousmetalssustainability.pdf. 2002 – 9/2004 – 6.

[137] 吴初国．英国有色金属行业可持续发展的导向指标 [J]．国土资源情报，2007 (8)：19 – 22.

[138] Michael Knhndt，Christa Liedtke，王晓超，译．欧洲铝工业部门可持续指标系统的开发 [J]．产业与环境，2003，25 (3 – 4)：67 – 71.

[139] 刘丽平．从可持续发展角度看钢铁产业 [J]．江苏商论，2008 (5)：144 – 146.

[140] 胡晶姝．中国煤炭工业可持续发展评价研究 [D]．天津大学硕士学位论文，2007.

[141] 颉茂华，杨森，张子娟．煤炭企业可持续发展评价研究 [J]．煤炭经济研究，2010 (2)：34 – 37.

[142] 杨义蛟，尹望吾，谭青．装备制造业可持续发展的模糊综合评价 [J]．制造业自动化，2009 (7)：4 – 9.

[143] 赵存，王志宏．多层次模糊综合评判法对铁煤集团可持续发展的评价 [J]．煤炭现代化，2010 (2)：6 – 7.

[144] 朱云梅，周生路，彭补拙．工业企业可持续发展评价指标体系初探 [J]．重庆环境科学，1999，21 (1)：21 – 24.

[145] 赵伟．工业企业可持续发展影响因素分析 [J]．工业技术经济，2002 (2)：62 – 64.

[146] 王华俊．建立有色金属工业循环经济评价指标体系探讨 [J]．中国矿业，2008，17 (1)：46 – 48.

[147] 杨立宏，赵涛，程秋林．铝行业循环经济评价指标体系研究 [J]．科学管理研究，2008 (4)：62 – 64，68.

[148] 吕占海．基于熵权法的企业可持续发展综合评价研究 [J]．中国煤炭，2012，38 (2)：17 – 21.

[149] 华红莲，潘玉君．可持续发展评价方法评述 [J]．云南师范大学学报，2005 (3)：65 – 70.

[150] 郭亚军．综合评价理论、方法及应用 [M]．北京：科学出版社，2007.

[151] Ozernoy V M. Choosing the "best" multiple criteria decision making method [J]. INFOR，1992 (30)：159 – 171.

[152] Stewart T J. A critical survey on the status of multiple criteria decision making theory and practice [J]. OMEGA，1992 (20)：569 – 586.

[153] 工业和信息化部．苗圩出席促进铝应用高层论坛 [EB/OL]. http://www.miit.gov.cn，20120827.

[154] 曲献通．21 世纪中国铝土矿资源可持续发展战略 [J]．世界采矿快报，2000，6 (1 – 2)：32 – 35.

[155] 范振林，马茁卉．中国铝土矿资源可持续开发的对策建议 [J]．国土资源，2009 (11)：53 – 55.

[156] 王恭敏. 解决中国有色金属资源严重短缺的对策 [J]. 世界有色金属, 2004 (5): 4-8.
[157] 杨素刚. 基于节能减排视角下铝工业发展的生态战略 [J]. 科技管理研究, 2011 (19): 47-50.
[158] 李朝辉. 铝工业走新型工业化道路的战略措施探讨 [J]. 轻金属, 2005 (8): 3-5.
[159] 刘静安, 罗昭敏. 现代铝及铝加工业的发展特点及国内外发展水平对比 [J]. 铝加工, 2009 (3): 38-45.
[160] 陈绚柱. 对中国铝工业发展战略的思考 [J]. 世界有色金属, 2008 (3): 9-13.
[161] 张伦和. 中国再生铝产业现状及发展对策 [J]. 轻金属, 2009 (6): 3-6.
[162] WANG Sherry. Secondary Aluminum Industry in China [J], Aluminum, 2007 (5): 45-46.
[163] 毛玉如, 沈鹏, 孙启宏, 等. 铝工业产业共生与提高生态效率研究 [C]. 中国环境科学学会学术年会优秀论文集, 2008: 1428-1431.
[164] 沈贤春, 李旺兴. 世界铝工业可持续发展分析 [J]. 轻金属, 2004 (1): 3-7.

导师及作者简介

佘元冠导师简介：佘元冠，男，1948 年生，中共党员，管理科学与工程专业教授、博士生导师。曾任北京科技大学管理学院副院长、管庄校区院长、文法学院院长兼公共管理（MPA）中心主任等职务。

敖宏导师简介：敖宏，男，1961 年生，中共党员，国务院特殊津贴获得者，教授级高级工程师。现任中国铝业公司党组成员、副总经理。

作者简介：许国栋，男，1971 年生，工学硕士、管理学博士，教授级高级工程师。专业领域：材料科学与工程、工业经济、企业管理。曾获得中国有色金属工业科技进步一等奖，在中文核心期刊、EI、CA、SCI 及 CSSCI 源刊发表学术论文 30 余篇，主编、参编的著作主要有：

1. 《钛手册》，北京：化学工业出版社，2012 年 9 月；
2. 《钛材生产、加工与应用 500 问》，北京：化学工业出版社，2011 年 11 月；
3. 《钛的应用技术》，国家“十一五”重点图书，长沙：中南大学出版社，2007 年 12 月。

北京有色金属研究总院

创建于1952年11月，是我国有色金属行业规模最大的综合性研究开发机构，现为国务院国资委管理的中央企业和国家首批百家创新型企业。在半导体材料、有色金属复合材料、稀土材料、生物冶金、材料制备加工、分析测试等领域拥有11个国家级研究中心和实验室，承担了一批国家重大科技专项研究课题和国家战略性新兴产业开发项目。建院以来，共获得国家级和省部级科技成果奖励1000余项，授权专利和制订国家及行业标准1500余项。先后为“两弹一星”、“神舟飞船”、“载人航天”、“探月工程”等国家重点工程和有色金属行业提供了一大批新材料、新工艺、新技术和新设备，为我国有色金属工业和国防军工建设提供了强有力的科技支撑。